SHARING
REVOLUTION

共享革命

戈志辉◎著

中国发展出版社
CHINA DEVELOPMENT PRESS

图书在版编目（CIP）数据

共享革命/戈志辉著．—北京：中国发展出版社，2017.2
ISBN 978-7-5177-0602-1

Ⅰ.①共…　Ⅱ.①戈…　Ⅲ.①企业管理—研究　Ⅳ.①F272

中国版本图书馆 CIP 数据核字（2016）第 257887 号

书　　名：共享革命
著作责任者：戈志辉
出 版 发 行：中国发展出版社
（北京市西城区百万庄大街 16 号 8 层　100037）
标 准 书 号：ISBN 978-7-5177-0602-1
经　销　者：各地新华书店
印　刷　者：三河市东方印刷有限公司
开　　本：880mm×1230mm　1/32
印　　张：8.25
字　　数：143 千字
版　　次：2017 年 2 月第 1 版
印　　次：2017 年 2 月第 1 次印刷
定　　价：58.00 元

联 系 电 话：（010）88919581　68990692
购 书 热 线：（010）68990682　68990686
网 络 订 购：http：//zgfzcbs.tmall.com//
网 购 电 话：（010）88333349　68990639
本 社 网 址：http：//www.develpress.com.cn
电 子 邮 件：370118561@qq.com

推荐序 1

读懂共享经济，把握无限商机

志辉先生是一位兼具理论基础和实战经验的管理教育专家，我们有幸在2013~2014年有过愉快的合作经历。在过去十多年时间里，志辉以自己深厚的品牌服务经验和极强的市场沟通能力，在管理培训界取得了骄人的成绩。我自己非常推崇的是志辉对管理教育事业的热爱、强烈的使命感和企图心以及他对于新兴产业和商业模式的超强学习兴趣和研究能力。

近两年，共享经济的话题很热，共享经济模式正在不同的领域和地域引发着产业变革，在激活闲置资源的同时，给人们带来了更加自由灵活的工作方式与生活方式。

有关共享经济的报道和文章不少，而志辉先生撰写的《共享革命》具有独特的高度、深度和洞见。

本书通过探索过去几十年共享经济在中外学界、业界的演进历程，从思想溯源、理论发展、心理基础等方面，阐述了共享理念为产业形态、经济模式乃至社会生活所带来的巨大影响。

此外，本书还剖析了大量中外案例，除了共享鼻祖 Airbnb、Uber、Wework 等，还对国内各个领域具有代表性的最新共享企业进行了深入分析。通过翔实新鲜的案例研究，诠释了在“互联网 +”时代，日新月异的技术手段如何推动共享精神从互联网领域向各个传统的领域不断渗透和扩张，使得最初植根于线上的信息共享行为，向线下的住房、汽车、办公场所、家政服务、人力服务甚至金融等领域扩展，从而形成了蔚为壮观的共享经济现象。

特别值得一提的是，本书以独特的视角总结了共享经济的四大模式，即产品服务化模式、数字内容产消模式、市场再分配模式和协同生活模式；并且提出，先进的技术平台、高效的人人参与机制、坚实的信任基础和超出预期的用户体验是共享经济模式不可或缺的四大基础。

共享经济模式通过整合、共享闲置资源，提高了社会效率，给消费者带来了很大便利。但是对传统企业来说，共享经济带来的却是挑战，甚至是颠覆。

面对共享经济，传统企业如果无视或者逃避，无疑是死路一条。《共享革命》一书让我们传统企业家在理解共享经济模式的前提下，思考自己在转型升级的道路上，可以采取哪些有效的策略来应对共享经济：比如主动出击，自行建立共享经济模式的新业务；或是积极参与，充分利用共享模式的销售渠道/服务渠道；抑或是投资并购共享模式企业，作为自己的战略布局。

志辉先生提出，共享经济将会是第三次工业革命时代最主流的商业模式。

相信《共享革命》一书通过深入浅出的理论分析和案例研究，可以有效地帮助传统企业在共享经济时代理解最新商业模式、洞察趋势、把握商机，朝着基业长青的目标不断前行！

中国新赢利模式教育家

行动成功教育集团董事长

李践

推荐序 2

共享经济，无处不在

我是一个不喜欢人云亦云的人，大家越是对一件事情疯狂，拼命地炒作、追捧，我越是静下心来反思事件背后的逻辑以及可能发生的问题，因为我个人的座右铭就是：换个方向就是第一。我总希望用冷静的思考、理性的分析，给那些处于亢奋状态的人们泼点冷水，降一降温。记得当年在小米和互联网思维如日中天的时候，我就和主流媒体唱反调，结果几年后我预见到的所有问题还是发生了。所以在当今中国市场上最稀缺的就是知识分子凭着良心发出的理性的声音、独立思考的声音，尽管有人可能会说我是乌鸦嘴，但是我还是坚持做自己该做的事情，因为凡是违背市场经济规律的事情，一定走不远。

我这样做的目的只有一个，那就是让大家能听到不同的声音，做出理智的判断，我坚信这种方式比煽风点火更有价值。要知道在过去几十年中，因为各种各样的集体亢奋，全社会为此付出了极大的代价，但是人们往往是好了伤疤忘了疼，很少吸取教训，更缺少事后的反思，结果就是轮番上演一出一出的悲剧。虽然我个人势单力薄，但还是希望借助每一个机会提醒大家理性地看问题，不要一窝蜂跟着上，更不要陷入集体无意识的境地，而是挖掘事物的本质和根源。志辉的《共享革命》从共享经济的来龙去脉给大家做了详细的阐述，对于大家了解共享经济，把握共享经济时代的机遇很有帮助，因为共享经济确实会在很多行业带来革命性的变革。

其实，共享经济是一个古老的游戏，不妨举几个身边的例子。我们出差或度假的时候多会住酒店，这就是属于共享经济的范畴，我们不会因为经常出差而在某个城市买一套房子，对不对？当然，酒店有很多选择，不管是传统的酒店（经济型、商务型，三星、四星、五星等），还是酒店式公寓（一室、两室、三室等），或者是家庭式旅馆，都可以供我们选择。一般说来，短期居住我们会选择酒店，中期居住会选择酒店式公寓，长期居住会选择租房子，为了体验当地的风土人情，我们也可能选择家庭式旅馆。我在德国、美国出差时都曾经住过家庭式旅馆，在美国也长期租过房子居住。在中国的很多旅游胜地，比如丽江，也有很多家庭式旅馆，各具特色，生意很好。

另外一个例子，可以让大家明白共享经济到底是什么，当今中国，很多家庭都已经有了小汽车，但是很少家庭会拥有“房车”——具备住宿和做饭功能的移动房屋。如果有需求，大家一般会去租“房车”，然后一家人去旅行，这样就不用住酒店了，可以在“房车”露营地停留，这是发达国家几十年前就已经成熟的商业模式和服务模式，只不过中国市场正在兴起之中，而这个“房车”就是以共享经济的方式而存在的，因为我们是偶尔用一次，自己拥有并不划算，也没有必要，除非你特别喜欢旅游，整天在外面玩。我知道有些美国人到老了就把原来的房子卖了，买一个大的“房车”当家，去周游各地，走到哪玩到哪，“房车”成了移动的家。但是这种人毕竟有限。

我们每个家庭都会买一些小工具，比如钳子、小螺丝刀，但是一般家庭不会拥有大型工具。偶尔有需求，我们会选择租赁电动工具或者请专业人士上门带着电动工具来服务。我们的家里可能会买一个小梯子，但是却不会拥有脚手架，因为那是装修时偶尔使用的产品。我每次去美国之前，都会在网上预订好Hertz的汽车，到了美国一下飞机就能开上车到处跑，回来的时候把汽车在机场还给Hertz，非常方便。

还有一个例子。有小孩的家庭一般都会有儿童玩具，但是玩具玩不了多久孩子就不玩了，不新鲜了。对于大型玩具来说就很可惜，所以最好的方式就是采用共享模式，大家去租一些大型玩具回家玩，然后再交换。

其实，很多传统行业一直都是采用共享模式，比如医院里的各类专家就是通过共享经济来开展业务的，没有哪个人会拥有医生（特殊阶层除外），绝大多数人都是到医院去看病，利用医生的一个时间段，大家共同承担医生和医院的费用。律师事务所也是如此，只有大型公司才会雇佣全职的法律顾问，中小型企业一旦有需求都是到律师事务所去找人帮忙，占用律师的一段时间，仅仅支付某个时间段的费用。我所从事的管理咨询也是同样道理，因为价格不菲，没有哪家公司愿意聘用一批高端管理咨询顾问，而是在有需要的时候请进来，帮助做一两个项目，然后就离开了，所以咨询师的业务也是属于共享经济。类似的例子几乎在每一个行业都能找到，就不赘述了。

1992 年，中国惠普把所有的班车都取消了，根据当时租班车的成本，每个人发了 1200 元的汽车补贴。要知道那个时候 1200 元可是很值钱的，但是如果每个人每天自己打车又不够用，于是大家自发地组织起来，我和住在附近的 3 个人合起伙来租一辆车，这辆车不必停在惠普公司的停车场等我们，而是每天早上接我们一趟去公司，晚上送我们一趟回家，白天司机该干什么活就去干什么活，结果我们每个人只需要付出 400 元。司机也非常高兴，每天有两趟活是有保障的。其实这就是一个典型的共享经济的模式，也是滴滴模式的早期雏形，只不过那时候没有互联网，我们寻找司机需要通过朋友，4个人拼车也是自己去寻找，所以范围有限，效率不高。

那么为什么这两年共享经济突然火爆起来了呢？因为互联网的快速发展把世界变平了，过去只能在当地配置的资源，现在变成了可以在世界范围内去配置资源，信息变得对称了，大家有了更多的选择余地。对于“网络”类产品来说，使用的人越多，价值越大，一旦数量起来了，就会从量变到质变，形成指数型的增长，从而改变一个行业的游戏规则。对于看好共享经济的人或者想用共享经济的方法论去创业的人来说，该从哪里入手去选择呢？我想唯有上升到理论层面，把握住核心，才不会走弯路。确切地说，哪些领域更适合用共享经济的玩法去颠覆传统的商业模式？不妨从三个维度来分析一下，那就是使用频率、产品价值和耐用程度。

使用频率很高的话，人们往往会选择拥有，比如电冰箱、电视机，天天用，而对于装修用的设备、搬家用的货车、大型烧烤设备等偶尔用的物品来说，拥有就不如租赁更划算。如果使用频率不高，价格也不高，比如旅行用的产品、书籍、家居用品、园艺工具等，人们会选择拥有，因为负担得起。如果一个产品的寿命并不长，使用几次就不能用了，比如小型儿童玩具和各种易耗品、衣服等，我们也会选择拥有，而不是租赁。这样说来，共享经济适合的领域就很清楚了，那就是使用频率低、产品价值高和耐用性比较强的产品，当这三个要素同时存在的时候，就是共享经济最有潜力的地方。大家不妨看看，目前已经成功的共享经济模式是不是都满足这三个条件？

不管技术手段如何演变，商业的核心和本质是不会变化的，一定要理解变与不变的逻辑关系，在术的层面一定是整天都在变，在道的层面却往往是永恒的、不变的。任何一句话都是有前提条件和边界条件的，明白了这个道理，才能理解那句名言：唯一不变的就是变化。这里说的都是术，那么上升到道的层面，哪些是永恒不变的呢？那就是一个企业必须给目标客户带来独到的价值，帮助客户解决实际的问题，给客户一个非买不可的理由。这就需要大家静下心来去挖掘目标客户未被满足的需求，基于利他的理念去发现市场机会，并用现代技术手段来解决过去难以解决的问题。

著名实战派战略管理专家

畅销书《赢在顶层设计》作者

原中国惠普公司首席知识官（CKO）

原苹果公司中国市场总监

高建华

推荐序 3

一场人类生活方式的革命

读戈志辉先生的《共享革命》，对于我是一个学习的过程，因为我是研究量化管理，对共享经济了解的甚少，读完本书受益匪浅，有以下看法，和读者朋友们一起分享。

共享经济正在改写市场规则，让你我的生活，都正面临剧变。不只商机上的蓝海，共享更携来了生活上的蓝海，你准备好迎接这一切了吗？

“互联网+”再度发力，一次静悄悄的经济革命在酝酿中。在渐次诞生的各种新业态经济中，最令人瞩目的无疑是共享经济的兴起。根据英国商务部的数据，大约四分之一的英国成年人有过上网共享彼此财产、技能、时间等闲置资源的经历。目前全球共享经济的总产值约为90亿英镑（约合135亿人民币）。

当共享让一切都变成免费，你我的下一步该怎么走？

共享经济为中国人带来的更深层次影响是重建信用和信任——上不认识人的车、住不认识人的房子、请不认识的美发师——这在共享经济平台出现之前几乎不可能广泛流行。

里夫金将共享经济的兴起誉为19世纪初崛起的资本主义及社会主义之后，两百年来第一个能真正向下扎根的新经济典范。

在共享经济体系中，一个个“消费+生产者”通过出租、分享，用合理的价格与他人共享自己的汽车、房子、衣服、玩具、知识、技能与所生产的产品，这不像是买卖“交易”关系，而更像是“共享”。

所有人都可以几近零边际成本，共享自身的信息、娱乐、绿色能源、3D打印商品和网络课程，甚至还能共享汽车、房子、工具与衣物！

届时群众募资取代银行贷款，在线课程取代正规教育，“取用”胜过“拥有”，“合作”凌驾“竞争”，“共享”彻底取代了“交易”，一向用来衡量经济表现的GDP也因此不断降低。在这里，现在最夯的创新主题，正是万物皆可共享、万物皆可一键到府的共享经济。既有的市场经济规则与典范，将全面遭到颠覆！

面临这样的巨变，作者预期我们将花较少精力追求金钱利益，更专注如何创造高质量的共享价值；较不沉迷于拥有物品，而更在意互惠与共享；较少剥削地球资源，更努力维持生态永续。

“互联网＋生态文明”催发的共享经济，呈现百花齐放、多元并存的新趋势。现代共享经济从类型上看，可分为有偿共享经济、对等共享经济、劳务共享经济、众筹共享经济、新乡村共享经济等模式。共享经济时代的兴起，是“互联网＋生态文明”双重力量催化的结果。互联网为共享经济兴起提供了技术支持，而生态文明则提供了内生动力。环保意识、精神消费、新生活方式等三个自觉意识是生态文明时代推动共享经济发展的内动力。共享经济预示着一个追求节约、低碳、实现物质与精神均衡的新生活方式与新生产方式的革命正在兴起，这是生态文明时代破解能源环境危机、物质与精神消费失衡危机的新经济。

基于戈志辉多年来的有效实践，“共享革命”被证明是一种同时适用于大公司与新兴企业的统一、高效、实用的方法；指出互联网的强大力量，即将促成21世纪最具支配力量的经济模式——“共享经济”。

我与戈志辉先生相识有几年的时间，他是一位做事极其认真，也是一位聪明好学的作家，他的《共享革命》一书蕴含深刻的观点、丰富的案例、细致的案例分析、激发式的提问、实用的技巧以及即时的参考信息。本书将为所有愿意实现创新蓝图的人提供有价值的帮助。

共享革命，就是如何在高速发展环境中取得成功。

本书为你奉献一种革命性的方式，帮助你实现共享、激发创新并加速成功。

原美国百事可乐（中国）公司市场总监

中国量化管理专家和消费者研究专家

王瀚骏

推荐序 4

从共享经济到共产经济

21世纪的革命，不是从政治领域开始，而是从经济领域开始！

只有一种力量可以改变中国，那就是互联网。互联网掀起的下一个革命浪潮叫“共享经济”。在共享经济时代，所有的经济理论必须推翻重建。

在计划经济时代，所有的东西都是共有的，我们都只有使用权。此时人与人是共同劳动的关系，属于同一个集体，是一种“被协作”的关系。当然，因为牵扯不到利益关系，所以此时人与人之间互相信任。

市场经济发展起来之后，出现了私有制和个人所有制，以“占有”物品为最终目的，很多东西的“占有权”被明确到个人，人与人的关系由共同劳动变成了直接竞争，于是出现了贫富分化，也因此变得陌生和冷漠。

如今，“共享经济”开始流行，它来源于互联网，但它所带来的冲击将远超过互联网本身。他提供了一种新的思维方式，这件物品的“占有权”属于谁并不重要，重要的是你能不能使用它。共享经济的商业本质是以租代买，其实就是一场产权革命。

传统互联网实现了“信息共享”，而移动互联网实现了“经济共享”。各种APP能通过时间、地点、技能的匹配将物品的使用权分配到最需要它的地方，将资源利用率最大化，将多余资源转化成为生产力！因此，几乎所有产业都将会被共享经济所改变。

工业革命让人类的生产首次跟上了消耗的节奏。于是工业革命以来，人类开始依赖于生产来解决需求的矛盾。这种办法一直用了200多年，已经出现免疫。现在问题越来越集中在资源分配不均衡上，有的人资源不足，有的人资源过剩。我们需要调配资源的使用来满足社会需求，这个方法就是共享经济。

今后我们将要正式开始“数字化打土豪分田地”，当年打土豪分田地，都是把使用权和占有权分离，改革开放的包产到户也是两权分离。这两次占有权与使用权分离，即中国土地改革、农村改革，都取得了巨大成功。

在传统年代，资本等同于资产，也叫生产资料，并且这种生产资料不具有可复制性，比如工厂、设备、工人、商铺、土地等都属于生产资料。马克思认为资本主义的根本矛盾就是资本家独自占有生产资料，产生了资产阶级和无产阶级两大对立的阶级。

而在互联网时代，生产资料是可以复制的，也就是说资本具有了可复制性。比如淘宝可以把店铺无偿供给卖家使用，因为淘宝复制“店铺”的成本很低，最多需要扩充一点内存，对于云计算来说，这些成本可以忽略不计。只要他们设计了一套店铺模式，很容易产生成千上万倍的溢价；而且淘宝的盈利模式不是收商铺的钱，而是收增值服务的钱。这也迫使淘宝需要吸引无数的卖家进驻，淘宝也因此无形承担起了公共的服务义务（即像公共产品那样免费提供生产资料）。

共享经济时代，在技能、人脉、服务上拥有一技之长的人，同样可以通过互联网平台，寻找到与之相配的工作，人们可以根据自己所擅长的来自由支配自己要在什么时间什么场所做什么样的事情，根据自己的兴趣所在，制定目标，决定自己要成就一番怎么样的事业。

这个时代的主流产品不是物品、货物，而是抽象的思想、情感；这个时代的主流工作也同样不是朝九晚五、固定办公，而是有技能、有经历、有能力。共享经济模式使人们的职业变得更加多元化，比如自由职业的兴起。共享经济解放出来很多“自由人”。大量“自由人”和“消费者”聚集，让供求双方更加自由的选择。

无论你是一位奇思妙想的创业家，抑或是一位身经百战的企业家，还是一位独具慧眼的投资家，这场商业革命都需要把握，《共享革命》值得拥有。

这场正在到来的“共享经济”革命，其实也是为中国未来的“共产经济”打下基础！

网络小说作家

著名网络社评专家

网络营销专家

《工业4.0大革命》作者

水木然

推荐序 5

充满各种可能性的共享经济时代

共享经济时代，将是消费者得到充分赋权的时代。在共享经济模式下，消费者获得了个性选择权。共享经济时代的消费，“我”已经越来越作为一个重要的主语，成为这个个性化时代最强劲的诉求表达。共享经济将越来越超越简单的物质需求，成为人们反映精神世界、发布个性宣言的方式。在共享经济模式下，消费者获得了表达评价权。共享经济正在把生意的主导权越来越多地赋予消费者。每个消费者都可以对商家评头论足，并借助移动互联网迅速传播扩散。这样带来的结果是，对于一个潜在消费者，对它最有说服力和影响力的不是商家，而是其他前期消费者。未来的商业需要尊重并运用这一点。在共享经济模式下，消费者获得了体验分享权。共享经济的最大价值在于，它帮助消费者对于自己的体验和感知，在社交圈进行快速传播。由此，未来的商业将建立在“让消费表达自我的体验分享”基础上，通过各种手段，帮助消费者把全交易链条中的所见所思所感分享表达出来。

共享经济的时代，将是共享观念深入影响全社会的时代。究其根本来说，共享经济的观念实质是“我可以把我的资源和能力与用户分享，创造价值，成就用户，进而才有可能成就自己”的理念基础上。不仅限于商业，如果从整个社会价值网络体系来看待共享经济观念，可以得出的结论是，你作为一个社会节点，存在的价值在于为其他节点或整个体系创造价值，这是你这个节点的基本价值。对于未来人来说，学会共享是在社会群体中生存发展的关键信念。

共享经济的时代，将是一个充满各种可能性的时代。这很大程度上源于共享经济的广度、深度大大增强。共享经济促进节点连接，促进万物相关，这就是在推动社会前行。因此，在未来，无论是商业还是科技，无论是教育还是创新，都需要通过各自的努力为全社会带来更多的共享连接，无论是人与人之间的连接，还是人与资源的连接或者人与知识的连接，共享经济都将增加全民的福祉，推动人类的前行。

戈志辉先生撰写的《共享革命》对于共享经济时代的机理、脉络、趋势进行了系统化的阐述与介绍，既具深度，又足够落地，是一部难得的佳作，一定可以帮助到共享经济时代的读者。

“互联网+”研究院创始人

京西大健康产业基金合伙人

清华 x-lab 未来生活创新中心创始人

沈　拓

PREFACE

前言

从汽车共享到共享主义

诸如Uber、Zipcar、滴滴等大量的案例和经验为我们提供了一种全新的共享理念和思维，以解决整个人类社会当前面临的各种能源危机、环境污染、气候恶化、交通拥堵等问题。近几年出行共享模式所取得的巨大成功，也迅速在全球范围内创造了绿色出行的新景观。

如果我们用共享理念来讨论过去的汽车出行问题，就会发现它是多么的低效和浪费。大部分有车一族开车上班或外出办事几乎都只是利用了一部汽车的一两个座位，同时，大部分汽车每天的利用率不足百分之三十。这也就意味着，一天中有近二十个小时车子是闲置的，在使用车子的四五个小时中，有一半以上的座位是闲置的。

按照工业社会的传统商业逻辑来思考，要解决出行的供需问题，我们就必须生产更多的汽车，修建更宽的公路，消费更多的汽油，这一做法带来的社会弊端已经深深地困扰了我们。共享思维使我们惊奇地发现，传统的依赖生产解决供需矛盾的方法并不是屡试不爽的灵丹妙药，因为在出行问题上，许多大城市面临的根本问题并不是产能不足，而是交通工具等相关资源的分配不均。

这一实质问题早已存在，“互联网+”时代的移动互联、物联网络、大数据、云计算等技术体系则提供了解决这一问题的突破口，使得人们精准匹配出行需求与资源供给的成本极大的降低了，而效率却得到了快速的提高。通过对过剩的闲置资源的激活利用，共享模式使得我们不需要再去拥有一部汽车，也能够实现轻松、快速、高效、便捷的出行，“滴滴一下，专车接驾”，任何一部车都可以为我所用，任何一部车都可以成为我的专车。因为无须增加车辆，所以共享模式将使出行更低碳、更节能、更环保、更绿色。

如今，越来越多利用共享思维解决出行问题的方式正在被发掘出来。事实上，这种绿色出行的共享理念对于消费者也同样有着巨大的吸引力。无论传统租车还是购车，消费者都需要花费一笔数额较大的资金，而且还会造成资源过剩与闲置浪费现象。共享出行则让人们仅需支付用车费用，从而节省了大量开支。与其拥有一部车百分之百的占有权而只发挥它百分之一的使用价值，不如放弃占有权而只为使用权付费。毕竟，利用闲置资源的成本总是比购买新车的成本低很多，你只需要安装一款手机应用，就可以随时、随地、随心地完成预约叫车的动作。

可以说，我们正在进入一个全新的基于共享理念的“使用权时代”，硅谷思想家凯文·凯利旗帜鲜明地提出：“我可以为它们（商品或服务）付费，但我不会拥有它们。在某种程度上，使用权变成了所有权。”事实上，除了汽车共享之外，现代生活的长期趋势是，几乎所有商品和服务都将是短期使用，这也就意味着，几乎所有商品和服务都有可能被出租、共享和社会共有。

按照这一逻辑，我们将能够低成本、高效率地解决工业经济带给人类社会的更多问题，建立在石油资源消耗和大规模商品消费基础之上的工业经济即将终结，而依靠分享、开放、连接和众创发展起来的共享经济则会快速繁荣，它将会把人类社会带入一个绿色可持续发展的全新时代——共享主义时代。

目录 CONTENTS

第一章

变革时代的共享经济

思想溯源、理论发展和未来变革

第二章

共享经济引发的产业变革

基本逻辑与关键特征

第三章

资源配置方式的革命

激活闲置过剩资源

第四章

共享颠覆经济

谁的危机？ 谁的商机？

第五章

共享经济的四大模式与四大基础

第六章
企业商业模式的变革与重构

第七章
更自由灵活的工作方式与生活方式

第八章
社会化的资本共享行为
共享资本、共享金融

第九章
共享品牌资产和品牌文化
共享品牌

第十章
共享主义与共享社会
共享革命

第一章

变革时代的共享经济

思想溯源、理论发展和未来变革

随着 Uber、Airbnb、滴滴等创新型企业在国内外大行其道，共享经济作为一种全新的经济形态也备受瞩目。2016 年的政府工作报告有 6 处提到“共享”这一关键词，例如“牢固树立和贯彻落实创新、协调、绿色、开放、共享的发展理念”“使全体人民共享发展成果”“建设共享平台”“实现部门间数据共享”“坚持共商共建共享”“共享发展机遇”等。在政府工作报告中，明确地提出并支持“分享经济”发展的两处表述则更为具体，第一处提到“以体制机制创新促进分享经济发展，建设共享平台，做大高技术产业、现代服务业等新兴产业集群，打造动力强劲的新引擎”；第二处指出要“支持分享经济发展，提高资源利用效率，让更多人参与进来、富裕起来”。虽然政府工作报告中并没有使用经济领域流行的“共享经济”而是使用了“分享经济”一词，但是二者共同对应的都是同一个英文词汇 Sharing Economy。

除了分享经济这一提法之外，共享经济在国内外也有很多不同的表述，如协同消费（Collaborative Consumption）、点对点经济（P2P Economy）、网格经济（The Mesh）、零工经济（The Gig E-conomy）、使用权经济（Access economy）、应需型经济（On De-mand Economy）等，它们分别从不同的角度出发，各有侧重地表述了共享理念对产业形态和经济模式所带来的巨大影响。尽管早在 1794 年，为了缓和资本家和劳动力之间的冲突，美国金融家阿尔伯特·加勒廷（Albert Gallatin）就已经在自己的工厂中实行员工股份制，开启了员工分享利润的尝试，并对共享经济具有一定的启蒙价值，但共享经济这一概念的正式提出也只不过是几十年之前的事情，而共享经济的快速发展和遍地开花则更是进入 21 世纪最初 10 年的“互联网 +”时代才发生的。

经济学家对共享经济的早期探索

在传统资本主义经济语境下，由于财产的私人占有观念已经深入人心并且成为经典经济学的核心理念，经济学家们并不认为共享经济有其存在的思想基础和现实可能。1968 年，英国学者加勒特·哈丁（Garrett Hardin）在《科学》（*Science*）杂志上发表一篇题为《公地悲剧》（“Tragedy of the commons”）的论文认为，由于人是自私的，当人们共享一种没有所有权的资源时，会出现过度使用最终导致资源枯竭的现象，因而共享行为和共享经济是不可能的。

十年之后的1978年3月，美国得克萨斯州立大学的马科斯·费尔逊（Marcus Felson）教授和伊利诺伊大学的琼·斯潘思（Joe L. Spaeth）教授在《美国行为科学家》（*American Behavioral Scientist*）上发表了一篇题为《社区结构与协同消费：一种常规性的活动方法》（“Community Structure and Collaborative Consumption：A Routine Activity Approach”）的论文，首次提出了共享经济的理念，探讨了对日常生活中的商品或服务进行协同消费的理论基础和现实可能，并乐观地预计，“未来，消费者及其协同者们将会通过更加优化的方式和手段进行跨越时空的协同消费活动，从而带来比当前文献或本文提到的更加成功的物质消费模式”①。可以说，协同消费理念是人们对共享经济比较早期的认识和提法，只不过由于条件的限制，人们对共享经济的早期探索主要停留在了较小范围的消费领域。1980年，著名的未来学家阿尔文·托夫勒在使其声名鹊起的《第三次浪潮》中，将生产者（Producer）和消费者（Consumer）两个词合成了产消者（Prosumer）一词，预

---

① Marcus Felson，Joe L. Spaeth. *Community Structure and Collaborative Consumption：A Routine Activity Approach*. American Behavioral Scientist. March 1978 vol. 21 no. 4 614-624.

言生产者和消费者之间的边界将逐渐变得模糊并发生融合，同时也暗示了消费者与生产者之间协同生产和协同消费时代的来临。

1984 年，美国麻省理工学院经济学教授马丁·魏茨曼（Wetizman，M. L）出版了《分享经济：用分享制代替工资制》（*The Share Economy*）一书，首次比较全面地提出分享经济理论，以此探寻通过分享制取代工资制的做法来解决 60 年代资本主义社会的“滞胀”问题，从而推进了雇员股份制的进一步发展，这一思想也因此被很多人誉为“凯恩斯理论之后最卓越的经济思想”。次年，马丁·魏茨曼发表在《美国经济评论》（*The American Economic Review*）的题为《利润分享的简单宏观经济学》一文对其分享经济的观点进行了重申，他认为包含工资经济和利润分享经济的一般框架比较清楚地表明：建立在利润分享原理基础上的经济对滞胀具有一定的自然免疫力。[①] 魏茨曼将分享经济的理论研究推到了新的高度，引起了经济学家们的关注，他们纷纷从宏观经济学、劳动经济学、一般均衡理论、资本理论等角度出发去讨论分享经济，分享经济学也很快在某种意义上成为一门从收入和利润分配的角度探讨资本主义及其经济制度的分支学科。魏茨曼的著作和论文很快在 1986 年被翻译成中文，在国内改革开放的时代背景下引起了广泛的讨论。

---

① Wetizman, M. L. *The Simple Macroeconomics of Profit Sharing*. The American Economic Review, 1985 Vol. 75, No. 5. 937-953.

埃莉诺·奥斯特罗姆（Elinor Ostrom）则从新制度经济学的角度提出了通过“共享管理”模式来解决公共事务的方式和途径。1990年出版的《公共事物的治理之道：集体行动制度的演进》（*Governing the Commons：The Evolution of Institutions for Collective Action*）一书是其成名作，她也因此获得了2009年的诺贝尔经济学奖，成为有史以来第一位获此殊荣的女性经济学家。1972年诺贝尔经济学奖得主肯尼斯·阿罗（Kenneth J. Arrow）教授称奥斯特罗姆是当今世界最重要的公共经济学家，是实至名归的公共经济学创新者。奥斯特罗姆通过对“公地悲剧”“囚徒困境”和“集体行动逻辑”等理论模型的分析和探讨，提出了著名的“公共池塘资源理论”。公共池塘资源既不是非排他性的可以共同享用的纯粹公共物品，也不是具有完全排他性仅供个人享用的纯粹私人物品，它是一种同时具有非排他性和竞争性的物品，是一种人们共同使用整个资源系统但分别享用资源单位的公共资源。在此基础上，奥斯特罗姆进一步认为，只要制定好相应的制度，人们可以共享能产生利益的公共池塘资源，但个人所得是不能共享和相互占用的。也就是说，共享是可能的，在公地悲剧的故事中人们之所以肆无忌惮地破坏规则追求私利，主要是因为惩罚力度太小。而共享本身就是强大的管理机制，它需要的只是设计原则，让参与者在内部形成监管。

经过数十年的潜心研究，奥斯特罗姆为公共池塘资源的稳定管理提出了8条设计原则：①清晰界定边界。有权从公共池塘资源中提取一定资源单位的个人或家庭也必须予以明确规定。②规定占用的时间、地点、技术或（和）资源单位数量的规则，要与当地条件及所需劳动、物资或（和）资金的供应规则保持一致。③集体选择的安排。绝大多数受操作规则影响的个人应该能够参与对操作规则的修改。④监督。积极检查公共池塘资源状况和占用者行为的监督者，或是对占用者负责的人，或是占用者本人。⑤分级制裁。违反操作规则的占用者很可能要受到其他占用者、有关官员或他们两者的分级的制裁，制裁的程度取决于违规的内容和严重性。⑥冲突解决机制。占用者和他们的官员能迅速通过低成本的地方公共论坛，来解决他们之间的冲突。⑦对组织权的最低限度的认可。占用者设计自己制度的权利不受外部政府权威的挑战。⑧分权制企业。在一个多层次的分权制企业中，对占用、供应、监督、强制执行、冲突解决和治理活动加以组织。[①]与当前正在发生的共享经济比较研究就会发现，公共池塘资源管理与人人共享模式极为相似，共享平台在某种意义上就是奥斯特罗姆所说的公共池塘资源，而这些原则也被今天共享经济的大量拥趸者奉为“共享管理”模式的基本规则，它们“要保证参与者

① ［美］埃莉诺·奥斯特罗姆，余逊达、陈旭东译：《公共事物的治理之道：集体行动制度的演进》，上海三联书店2000年版，中文版译序第9页。

拥有的权力大于规则制定者，使他们没有被区别对待的心理落差”。[①] 此外，奥斯特罗姆和她的丈夫在新制度经济学和政治经济学研究过程中提出的自主组织、自主治理、多中心理论等概念，历久弥新，也都与当前共享经济的分布式、去中心化、自组织等特征相互契合，并从人的理性和制度建设等方面继续影响着共享经济在全球范围内的发展。

互联网时代共享经济的理论发展

互联网诞生于 1969 年，但其成长初期发展相对缓慢。进入 20 世纪 90 年代之后，万维网、雅虎、IE 浏览器、亚马逊等标志性创新快速席卷互联网领域，对共享经济的探讨也迅速从宏观经济学的理论研究转移到互联网世界的具体应用。迈克尔·史瑞哲（Michael Schrage）在 1990 年提出了运用全新的协作技术实现“思想共享”（Shared Minds）的理念[②]，他极力地提倡“我们应当从技术管理信息的观念中解脱出来，把技术看作关系的媒介”[③]。这恰恰符合伯纳斯·李（Tim Berners-Lee）发明万维网的

---

① ［美］罗宾·蔡斯，王芮译：《共享经济：重构未来商业新模式》，浙江人民出版社 2015 年版，第 136 页。

② Michael Schrage. *Shared Minds*: *The New Technologies of Collaboration*. Random House; First Edition edition. August 4, 1990. 8-14.

③ ［美］凯文·凯利，萧华敬、任平译：《网络经济的十种策略》，广州出版社 2000 年版，第 168 页。

初衷，他认为自己的创新成果不应该仅仅属于自己一个人、某个实验室或者某个国家，而应该让所有人都能够简单轻松地访问和使用这个全新的网络。因此，伯纳斯·李的最大贡献与其说发明了万维网，不如说他发现了连接、免费、平等、开放的互联网精神，正是这些精神推动着共享经济从理论走向了现实，并首先在互联网领域取得了实质性突破。对此，美国《连线》杂志创始主编、硅谷思想家凯文·凯利（Kevin Kelly）在 1994 年就在其互联网观察三部曲的第一部著作《失控》（*Out of Control*）中做出了先知式的预言："控制的未来是伙伴关系、协同控制、人机混合控制，所有这些都意味着，创造者必须和他的创造物一起共享控制权，而且要同呼吸共命运。"①

事实上，一直以来经济学最关心的根本问题与核心话题就是资源配置，即资源的分配（所有权）和利用（使用权）问题。在现实经济生活的资源配置过程中，作为一种权利让渡行为，共享模式并不占据主导位置而是扮演着一种边缘角色。而在互联网世界中，从信息共享开始，越来越多的虚拟资源和实物资源的大规模共享已经或正在成为一种可能。互联网所孕育的共享思维对私有制社会根深蒂固的所有权观念发起了挑战，从而引起了对使用权经济的广泛讨论，它试图将使用权或者访问权放在比占有权更

① ［美］凯文·凯利，东西文库译：《失控：全人类的最终命运和结局》，新星出版社 2010 年版，第 488 页。

重要的核心位置。杰里米·里夫金在2000年出版《使用权时代》（*The Age of Access*）时，阐释了使用权之于共享经济的意义和价值，他积极地倡导我们“摒弃市场和产权交易，从观念上推动人际关系实现结构性转变，也就是从产权观念向共享观念的转变，从交换价值到共享价值的转变”①。2010年凯文·凯利在《技术元素》（*The Technium*）中也非常推崇使用权优于所有权的观点，他旗帜鲜明地提出：“我可以为它们（商品或服务）付很多钱，但我不会拥有它们。在新领域里，用户往往会承担许多拥有者应该做的事情。所以在某种程度上，使用权变成了所有权……现代生活的长期趋势是：所有商品和服务将是短期使用，所以，所有商品和服务都有可能被出租、共享和社会共有。”② 凯文·凯利认为，当所有数据、所有信息都汇聚和共享到云中时，传统的基于所有权的模式（Ownership Model）就会被基于访问权的模式（Access Model）所取代，这也是以物质为基础的经济与以信息为基础的经济的不同之处。

雷切尔·波茨曼（Rachel Botsman）和鲁斯·罗杰斯（Roo Rogers）进一步将使用权经济的理念发展到了极致状态，两人联合出版的一本著作直截了当地使用了《我的就是你的：协同消费

---

① Jeremy Rifkin. The Age of Access：*The New Culture of Hypercapitalism*，*Where All of Life Is a Paid-For Experience.* Tarcher；1 edition. April 3，2000. 3-25.

② ［美］凯文·凯利，张行舟、余倩、周峰等译：《技术元素》，电子工业出版社2012年版，第110～113页。

的崛起》（*What's Mine Is Yours*：*The Rise of Collaborative Consumption*）这样的标题以表明他们对协同消费和共享经济的热衷和推崇。虽然使用了相同的概念，但与费尔逊和斯潘思两位教授彼时面临滞涨的时代背景不同的是，波茨曼和罗杰斯对协同消费的认识和讨论深深根植于社交网络的普及、成本意识的提升和环保文化的流行之中。他们提出了基于互联网精神和共享经济理念之上的三种能够孕育出可持续发展的协同消费模式：第一种是产品服务系统模式，在这种消费模式下，人们实现了向使用价值的回归，对商品占有权的需求逐渐降低，如汽车租赁；第二种是群体消费模式，通过便捷的信息传播设备，具有一定数量规模的消费者集合在一起进行消费或购买，社群的力量使他们比单个消费者具有更强的议价能力，如汽车团购；第三种是市场再分配模式，快速发展的网络信息平台和交易平台使得人们能够高效率、低成本、超精准地将自身所拥有的闲置资源进行二次出售或者开放共享，例如二手车市场和汽车共享模式等。[①] 这些全新的协同消费景观是共享经济的典型商业模式，其核心在于是否可以通过激活闲置资产而形成社会闲置生产力，从而创造更多的社会价值和经济价值。波茨曼甚至做出更加大胆的预测并指出“信任”将成为21 世纪的新型货币，人们越来越不相信政府和企业，但是却将越

① Rachel Botsman, Roo Rogers. *What's Mine Is Yours*: *The Rise of Collaborative Consumption*. Harper Business. September 14, 2010. 9-17.

来越多的信任给了社交网络中存在弱连接的陌生人，而事实上，恰恰正是这种信任关系构成了共享经济的心理基础。

零工经济（Gig Economy）是美国著名媒体人蒂娜·布朗（Tina Brown）在2009年最早提出来的一个理念，在这种模式下，劳动者不需要继续过去那种朝九晚五的通勤式工作，甚至个人生活与职业生涯之间的界限都将变得模糊。纽约大学商学院的阿伦·孙达拉贾（Arun Sundararajan）教授在《卫报》上评论道："今天越来越多的人更乐意打零工，而不是谋一份全职工作。"这一概念通过雇佣关系的角度描述了共享经济时代下的共享平台所创造的更为弹性和灵活的工作模式。2010年，丽萨·甘斯基（Lisa Gansky）则在其新书中使用了网格经济（The Mesh）一词来讨论为什么未来的商业模式是共享型的模式，这一理念重点从网络连接技术和网络社交媒体的视角分析了共享经济发生的可能性与必然性。此外，不同于波茨曼的分类方式，甘斯基将共享经济的商业模式归为两种类型：第一种是full-mesh模式，企业拥有所要共享的资产并利用便捷的信息平台通过出租的方式获取收益，如Zipcar；第二种是Own-to-Mesh模式，拥有所要共享的资产的个体利用第三方信息平台通过分享使用权的方式获取精神激励或物质激励，如Uber。① 此外，哈佛大学数学与生物学教授马

---

① Lisa Gansky. *The Mesh: Why the Future of Business Is Sharing*. Portfolio; 1St Edition edition. September 23, 2010. 11-19.

丁·诺瓦克（Martin A. Nowak）与科普作家罗格·海菲尔德（Roger Highfield）提出了“超级合作者”的概念，认为合作比竞争、共享比独占更接近于人的本性。克莱·舍基（Clay Shirky）则通过提出“未来是湿的”“人人时代”“认知盈余”等理念重点研究了社会网络和技术网络如何推动共享经济的快速发展。

共享经济的成功与时代变革

2007 年苹果公司发布 iPhone 开启了智能手机的全新时代。起初并没有人意识到这款手机对于共享经济乃至整个人类社会所可能产生的颠覆性影响，一年之后，Airbnb 短租网站和 Uber 打车应用相继成立，并于 2011 年前后在美国大获成功，旋即引爆了全球范围内以共享模式展开的创新创业浪潮，共享经济也因此被当年的《时代周刊》评为十大改变世界的创新想法之一。事实上，共享经济的成功并不是偶然的，从概念的提出到其在应用层面取得实质进展和巨大成功，经历了数十年的时间，而这段时间恰恰与互联网的诞生、发展和普及过程高度重合，这就为共享经济在当前乃至未来的繁荣做好了充足的理论准备和技术准备。

演化经济学家的观点恰恰解释了共享经济为什么需要一段较长时期的准备过程，他们认为，一种新的经济范式的发展成熟需要一个长达几十年的周期，“每个时代都以一种技术集群为标志，这些技术集群的进步和发展推动经济增长……每个时代在一定制度框架下基于核心技术取得的进步迟早会进入报酬递减阶段，进而建立在这种技术基础上的经济进步必然会减慢。经济再次迅猛增长需要一套新的核心技术的推动，要求重塑制度结构以适应新的需要。”① 而事实上，与新的核心技术集群相适应的制度和文化系统的变化比经济系统的演化需要更长的时间。卡洛塔·佩雷斯（Carlotta Peres）将这种技术驱动的经济进化现象称为“技术—经济范式”的转换，她指出“每一次大的技术革命都形成了与其相适应的技术—经济范式。这个过程会经历两个阶段：第一阶段是新兴产业的兴起和新基础设施的广泛安装；第二个阶段是各行各业应用的蓬勃发展和收获（每个阶段各 20-30 年）。”② 按照范式转换理论来解释共享经济的发展过程，2010 年之前属于共享经济发展所需的理论准备阶段和技术安装阶段，随着 2011 年 Uber 和 Airbnb 等共享型企业的颠覆性成功，共享经济也相应地进入了蓬勃发展和广泛收获阶段，而这与其所高度依赖的物联网、机器学习、人工智能、大数据革命、分布式计算等技术集群的协同创新密不可分。

沿着范式转换的思路，杰里米·里夫金提出了当前的全球经

① ［英］克里斯·弗里曼、弗朗西斯科·卢桑，沈宏亮译：《光阴似箭：从工业革命到信息革命》，中国人民大学出版社 2007 年版，前言第 3 ~ 4 页。

② 阿里研究院：《“互联网 +”研究报告》，2015 年 3 月。

济正处在第三次工业革命阶段的判断，不同于由印刷技术与蒸汽动力引发的第一次工业革命和由电信技术与燃油动力引发的第二次工业革命，这是一个信息技术驱动能源体系和产业经济民主化变革的时代，互联网信息技术集群与分布式可再生能源的出现让我们迎来了第三次工业革命，并将逐渐形成全新的经济发展范式。同时，也正是这些“新兴的信息技术和互联网通信革命可能使资本主义在未来几十年迎来近乎零边际成本的时代……建立物联网平台的根本初衷在于鼓励分享型文化，第三次工业革命的物联网基础设施通过其开放的架构和分散式的特点，利用近乎零边际成本的区域分散并行生产特点和全球网络，使协同共享下的企业打破了资本主义市场中大公司通过垂直整合形成的垄断。”① 按照里夫金的理解，互联网信息技术集群的不断创新正推动着我们运用共享经济的思维快速实现协同消费以及大规模的公共资源协同共享，他不断强调并一再声称共享经济分散与合作的本质要求我们对传统的私有财产占有权进行重新定义，“在第三次工业革命经济之中成长起来的全新一代与生俱来地将地球上的所有能源视为如同我们所呼吸的空气一样的公共物品，为全人类所共享。确保普遍性的接入和保证地球上每个人不被排除在全球共同体的

---

① ［美］杰里米·里夫金，赛迪研究院专家组译：《零边际成本社会》，中信出版社 2014 年版，第 7 ~ 23 页。

生活之外，为人类的社会性打开了一道发展之门。”[①] 对于里夫金而言，共享经济将会是第三次工业革命时代最主流的商业模式。

与里夫金三次工业革命的划分方式不同，德国的学者们创造了工业 4.0 的提法。从工业 1.0 到工业 3.0 时代的变化，分别源于机械化、电力和信息技术，而工业 4.0 则是以信息物理系统（CPS，Cyber Physical Systems）的形式建立起一个分布于全球的超级网络，以实现生产和消费的数字化、智能化和协同化，大数据、云计算和物联网是其最主要的基础设施。在本质上讲，中国制造 2025 与德国工业 4.0 的概念有着较多的相同内涵，而“互联网 +”则从更广泛的意义上概括了中国产业经济领域当前正在发生的颠覆性变革。“可以说，‘+’代表了通用技术更广泛、更深刻地融入到每一个传统或者新兴的行业之中，并不断对整个经济结构进行呈几何级数的渗透扩散，从而导致新产品、新模式、新业态和新产业的大量快速出现，并进一步对人们的学习、生活、工作和商业活动产生彻底的变革。新技术中包含着开发、生产、运输和分配商品与服务到更大范围的新方式，其宏观经济效果将会波及越来越多的产业，并使得全新的技术经济范式得以完全确立下来。”[②] 正是“互联网 +”推动着开放、共享精神从互

① ［美］杰里米·里夫金，张体伟、孙豫宁译：《第三次工业革命》，中信出版社 2013 年版，第 227 页。

② 刘庆振：“计算广告学：大数据时代的广告传播变革——以‘互联网 +’技术经济范式的视角”，载于《现代经济探讨》，2016 年第 2 期，第 87 ~ 91 页。

联网领域向越来越多的传统领域不断渗透和扩展，才使得最初植根于线上的信息共享习惯和行为，越来越多地向线下的住房、汽车、办公场所、家政服务、人力服务甚至是资金融通等领域扩展，从而形成了当前蔚为壮观的共享经济新景观。

在很大程度上，在中国社会主义市场经济的语境下，“互联网 +”已经成为共享经济快速发展的重要引擎，百度公司的李彦宏更进一步地认为共享经济的定义和共产主义社会的定义是差不多的。①“互联网 +”浪潮的逐步深化发展正在将全球范围内的数千万组织、数十亿个体、数万亿物质实体连接到一个超级网络之中，从而使人类社会能够以史无前例的协同共享方式来组织生产和消费活动，从而释放出巨大的社会生产力，打破了生产资料的私人占有制度，冲击了传统的所有权理念，颠覆了资本主义社会的生产关系，推动了生产资料和消费资料的共产与共享进程。不同于共产主义的地方在于，虽然极大地降低了供需双方的交易成本，但共享经济在大部分领域的应用仍然停留在有偿交易阶段，离共产主义的无偿使用理想还存在一定的距离。像里夫金一样，很多共享经济理念的支持者、研究者和实践者都坚定地认为，共享经济与社会主义市场经济之间存在着天然的亲和力，是共产主义发展的初级阶段所表现出来的某种特定形式。只有具备了共产

---

① 程贺，马晓宁．李彦宏：共享经济和共产主义社会的定义差不多．凤凰科技．2016 年 3 月 27 日 http：//tech. ifeng. com/a/20160327/41586200_ 0. shtml。

主义的经济基础才有可能实现共产主义社会，而共享经济对传统经济模式的颠覆与重构过程就是建立共产主义经济基础的过程，它将最终引领人类走向实现共产主义的道路。无疑，共享经济所引领的是一场巨大的变革。

用共享经济塑造未来的社会模式

事实上，无论是协同消费、零工经济，还是分享经济、使用权经济，都试图以某一特定的视角为切入点，尽最大努力解释当前正在发生的经济变革和社会变革，但我们发现很难给出一个有关共享经济的完整定义。与其说共享经济是企业赖以成长壮大的一种商业模式的准确表述，不如说它是建立在共享理念基础之上的一种全新的经济模式或经济形态的泛指或统称，它的内涵、外延、边界和模式仍然处于继续探索和不断变动的过程之中。尽管如此，共享经济快速发展的步伐并未因此而停止，而我们也已经“来到共享经济的决胜期，当你能轻松地与人交流，分享资产、人脉和想法时，所有的一切都改变了……依靠化石燃料、以消费为基础的工业经济即将终结，而依靠分享、开放和连接发展起来的共享经济则会逐渐繁荣。”① 当然，共享经济所引发的变革绝不

---

① ［美］罗宾·蔡斯，王芮译：《共享经济：重构未来商业新模式》，浙江人民出版社 2015 年版，第 1 ~3 页。

会仅仅停留在经济层面，它对人类社会带来的颠覆和影响将是持续而深刻的，在此过程中，新的社会发展模式和运行机制将会逐步建立。一百六十多年前，马克思和恩格斯在《共产党宣言》中描绘了通向未来共产主义光明前途的明确路径："他们（共产党人）的目的只有用暴力推翻全部现存的社会制度才能达到。让统治阶级在共产主义革命面前发抖吧。无产者在这个革命中失去的只是锁链。他们获得的将是整个世界。全世界无产者，联合起来！"[①] 虽然马克思和恩格斯所处的时代与今天的"互联网+"时代存在着很大的差异，但是我们仍然深刻地意识到当前共享经济的快速发展，已经将越来越多的个体、物质与组织连接并联合了起来，尽管并没有使用暴力手段，但却正在推翻现存的全部经济制度和社会制度。由此可见，当前"互联网+"时代发生的社会变革与马克思恩格斯描述的社会变革存在着较高的相似度，共享经济能否引领人类步入共产主义社会的理想阶段，我们拭目以待。

---

① ［德］卡尔·马克思、弗里德里希·冯·恩格斯：《共产党宣言》，人民出版社1997年版，第62～63页。

第二章

共享经济引发的产业变革

基本逻辑与关键特征

由于发现并激活了过剩产能，共享经济所创造的全新商业模式正在摧毁或重构一个个有着悠久历史的传统产业，汽车、房屋、数据、时间、资本等越来越多的东西正在通过共享模式对旧有的产业范式提出巨大的挑战，并重新定义了经济学对资产、产权乃至公有、私有的界定和理解。而共享经济之所以能够迅速发生并改变产业经济的面貌，主要还是得益于全新的技术革命所引发的技术经济范式的转换，在这个过程中，以互联网尤其是移动互联网为核心的信息技术为共享经济的落地生根和开花结果提供了最关键的技术保障。

技术经济范式与共享经济

演化经济学家认为，经济会因为新的通用技术集群的出现而逐渐改变自身的结构从而形成新的技术经济范式，他们将这种经济随着技术创新而不断改变活动方式、产业构成以及制度安排的过程称为技术经济范式的转换，通常情况下，范式的转换意味着一场颠覆性变革的发生。共享经济从理论建构到对现实经济产生巨大影响的过程，恰恰是旧的机器大工业时代的技术经济范式向信息经济时代的全新范式转换的过程，它在国内表现为方兴未艾的“互联网＋”热潮，我们也可以称之为“互联网＋”技术经济范式。这一范式发展的早期阶段主要表现为互联网技术和互联网产业的连续性创新和指数型发展，以及全新的以互联网为核心的通用技术集群在各个领域的普遍安装和广泛应用；随着早期投入阶段过渡到后期的收获阶段，新的技术基因开始与各个产业的关键要素发生化学反应，互联网产业开始与越来越多的产业通过跨界合作、融合创新等方式催生出前所未有的新产品、新模式、新业态和新生态。共享经济就是在这个过程中依赖移动互联网技术体系从星星之火发展为燎原之势的。

“互联网＋”技术经济范式中的通用技术体系不是单个技术的简单相加，而是由一系列相互关联的技术构成的技术集群，是关于互联网的理念、设备、方法和应用的集群，这个集群是一个连贯的整体，它们的形成和发展具有与单个技术截然不同的特征。事实上，“互联网+”范式的发展过程与共享经济的实践过程一样，并不是近几年才开始的，它伴随着互联网的发明就已经开始了自身的进程，其时间跨度不是几年或十几年，而是几十年，并且直到现在，这一全新的技术经济范式仍然在不断扩展和延伸。现在，我们正在经历的是“互联网+”技术经济范式快速发展和逐渐成熟的收获阶段。在这一阶段，互联网作为经济社会的基础设施已经被广泛应用，而移动互联网、大数据、云计算、物联网和人工智能等核心通用技术也已经取得了实质性突破，更多的相关技术也开始围绕这些通用技术在它们周围不断聚集起来，技术开拓者们也随之聚集，市场上涌现出越来越多的创新创业公司，此后大量的技术改进和前景可观的市场机会随之出现，从而形成波澜壮阔的技术驱动型创新浪潮。随着当前我国大众创业、万众创新趋势的不断发展，“互联网+”技术经济范式开始以它的方式更加深入地影响经济，并引发经济模式的扩展性调整，这个过程中，经济发展的共享模式逐渐具备了现实的可行性。

共享经济的成功是建立在“互联网+”技术集群之上的。“互联网尤其是移动互联网技术的成熟实现了共享的便捷化，大大降低了共享的成本。基于位置的服务（LBS）为多样化的共享服务提供了可能，而基于社交网络平台（SNS）建立的信任机制为使用权的公平交易提供了信用保障。”① 移动设备的普及使得个人与手机几乎已经形成不可分离的状态，这样才能实现供给端对用户端实时需求的实时响应。只有以移动互联网信息技术为基础和纽带，共享经济才能高效、便捷、规模化地实现所有权与使用权的分离，从而真正使得过剩资源的使用权能够在所有者和需求者之间实现精准匹配与合理共享。如果没有“互联网 +”通用技术体系，闲置资源的高效调度、点对点供给与需求的实时匹配、方便快捷的安全支付以及陌生人社会中的信任关系，共享经济实现起来都将遇到巨大的困难。互联网、移动互联网、物联网、社交网络、即时通信、移动支付等技术使信息的分发和获取、数据的积累与应用、资源的配置与优化更加方便、更加容易，从而使得共享经济在全球范围内快速发展起来。如果没有新的技术集群，共享经济的理念只能成为某种意义上的空中楼阁甚至海市蜃楼。正是“互联网 +”技术经济范式的深化发展，才带来了不同经济领域和商业组织通过不同的方式和不同的比率重新优化配置资源的全新技术，使得商业模式、经济制度和更深层次的社会文化都发生了本质变化。共享经济作为一个新版本的经济模式缓慢地生成了，它不断地渗透到衣食住行等经济领域中，旧的商业模

① 汤天波，吴晓隽：“共享经济：‘互联网 +’下的颠覆性经济模式”，载于《科学发展》，2015 年第 12 期。

式面临着崩溃，新的管理方式、工作方式、生产方式乃至生活方式都将随之变革和重构。许多事情在技术经济范式转换的过程中仍然会保持不变，但是也有许多事情将彻底不同于以往。

共享经济的核心价值理念

共享经济为经济领域的资源优化配置提供了一种全新的思维方式，这也成为共享经济的核心价值理念，那就是资源的共同使用与协同消费。传统的商业逻辑关系尤其是资本主义社会关系是建立在资源的私人所有制基础之上的，我们会不断地积累私人资产，并通过诸如专利、股权、产权以及与之相匹配的法律体系保证我们的私人资产不被侵犯，这种价值生产和获取的逻辑发展到一定程度必然会造成资源的分配不均与闲置浪费。共享经济则通过开放、连接和共享的方式，提供了一种激活闲置资源和过剩产能从而实现资源优化配置和最佳平衡的可能性，并“重新定义了我们对资产的理解：它是专属于个人的还是群体的，是私有的还是公有的，是商用的还是个人的……人人共享重新书写了价值创造的法则：分享资源会带来最高效率，分享知识会带来最伟大的创新。”② 正是这种理念推动着人类社会从粗放型的工业化社会向

② ［美］罗宾·蔡斯，王芮译：《共享经济：重构未来商业新模式》，浙江人民出版社2015年版，第2页。

集约型、环境友好型、可持续发展型的共享经济社会转型。

“互联网+”技术经济范式将分享与共享转变成了一种无缝对接和快速交易的模式与更加明智的经济选择，更重要的是它在很大程度上解决了传统工业社会造成的产能过剩与资源闲置问题。对资源的独占实际上是一种浪费行为，因为这意味着我们拥有的比实际需要的多。大部分私家车在大部分时间都是处于闲置状态的，即便行驶在路上的时候也都有两个以上的座位处于浪费状态，同样的道理也适用于那些空闲的房产、酒店、机器设备或者劳动力。共享理念则预示着消费者可以不必私人拥有这些资源而获得用车的权利、住房的权利、使用设备的权利乃至支配雇员的权利，它赋予了用户使用权而不是所有权，用户可以随时随地按需付费而获得其使用权，他们再也不必为了在特定时间使用一部汽车而花费高额成本买下它了。利用社会闲置资源的成本总是比购买某种资源的独占权要低很多，并且在当前移动互联网快速发展的背景下，这种方式执行起来只需要花费微乎其微的时间和金钱，因为我们不再去寻找、发现、扩充或者投入大量新的资源，只需要通过手机上的一个应用程序，就可以获得别人所拥有的同类资源的使用权。

而如果没有“互联网+”技术经济范式的发展，这样的经济景观在几十年之前是很难想象的，网络连接、实时在线和移动定位等全新的技术集群已经使得工业经济时代的巨型企业失去了关键的竞争优势。在过去，企业为了降低交易成本提高企业利润，往往会选择将大量的商业环节和专业人才内部化从而造成了企业规模的不断扩大。然而，“互联网+”时代的市场交易成本正在无限趋近于零，这也使得越来越多的商业组织可以借助共享模式而无须通过内部化就可以实现资源的合理聚合与优化配置。在“互联网+”技术经济范式下，工业经济时代的资本主义正在发生变革，我们也随之重新定义了用户、生产者、消费者、所有者和使用者等概念，最明智的企业和政府都在借助全新的技术集群，创建能利用过剩产能和闲置资源的多方合作平台，从而创造出其他组织在速度、规模和质量上几乎无法比拟的改变，实现自身向共享模式的转型并不断取得成功。

当市场竞争中的组织或个人以与以往不同的共享思维去思考时，将会无形中发现存在产能过剩现象的诸多领域，甚至在很多地方，人们拥有某种资源百分之百的所有权而其使用率却不足百分之一，但是人们却对此视而不见。资源闲置与浪费无处不在，它可能发生在你身上，也可能发生在别人身上；它可能是现实世界中有形的实物商品、无形的社会服务，也可能是虚拟世界中的信息资源、数据资源。这些在很长一段时间为我们所忽视的过剩产能和闲置资源中蕴藏着巨大的社会生产力和潜在价值，而我们所需要做的就是用共享经济的思维、方法、模式和行动来激活它们从而发现并创造新价值。这就使得搭建一个能够连接、组织和整合闲置资源与用户需求的开放共享平台变得意义重大，通过平台来制定规则、设定标准、简化流程、提高效率。而供需双方之所以愿意通过共享平台来完成交易，最重要的原因就在于，平台作为一种更强大的组织有能力为资源共享去做长周期和大规模的人财物力投入，从而使得供需双方的交易流程不断简化、交易成本渐趋于零。简单化、标准化和易参与是共享平台的基本属性，因为搭建平台的出发点就是让更多的供需双方以更简单的方式、更低的成本参与进来以实现闲置资源的优化配置并使其发挥最大的效用。

共享经济模式的主要特征

共享经济为人类组织社会资源的方式带来了根本性变化，它通过本质上具有分布式计算与协同性参与特征的网络共享平台来挖掘巨大的潜在价值。这种共享模式正在绕过传统意义上的中间环节、中间加价、中间人以及在此之上附加的中间成本，以近乎为零的边际成本向用户提供越来越多的商品和服务。与此同时，共享经济也打破了过去劳动者或服务提供者需要依附于传统商业组织间接地向最终消费者提供服务的经济形态，现在，他们可以通过共享平台直接向最终用户提供这些资源。共享经济的发展过程，是一个去除传统中介化组织并重新中介化的过程，这个过程也恰恰是共享平台逐步建立的过程，随着更多个体通过网络共享平台相互分享各种类型的资源，经济生活将会实现从少数人掌控向多数人参与的民主化进程。总体而言，共享经济在解决资源配置效率和供需精准匹配的过程中，呈现出了以下几点特征。

技术特征是网络共享平台。网络通信与连接技术通过电子芯片、智能设备和应用软件将全球范围内数十亿人口和海量的实物都连接了起来，这其中包括了自然资源、生产资料、机器设备、工业流程、物流网络和消费习惯等，它源源不断地为接入其中的各个节点提供实时的大数据流。这就使得供给方与需求方能够即时地、精准地建立联系，规模化、定制化、动态化地完成资源的共享行为。建立在“互联网+”技术体系之上的共享平台是全新的技术经济范式的典型体现，它虽然并不直接向社会提供资源，但它提供了广泛、便捷、高效的连接功能、技术支持、信息服务和信用保障，大大降低了交易成本并提高了交易的撮合率，奠定了共享经济模式的技术前提。那些原本看似极其传统的领域甚至都正在被全新的网络连接技术和人人共享平台所改变，智能设备尤其是智能手机不断带给我们越来越多的应用程序、新奇想法、共享工具以及无限可能。

主体特征是人人协同参与。工业时代的企业将大众看作是标准化和同一化的消费者群体，他们并不关注差异化需求和个性化兴趣。而新的技术经济范式下的共享平台则能够利用每个人的特性，把无差异的消费者群体转变成微分化的产消者个体，并通过合理组织和有效分配，将海量的个体及其所共享的闲置资源转变成最大化的社会财富。例如大获成功的维基百科和苹果 APP 商城，都是人人协同参与的结果。网络共享平台赋予了个体以更多的独立性、灵活性和创造性，每个人都可以自主地选择能够发挥自身最大优势的平台，平台把资源共享的时间、地点、内容和形式都赋予了个体，相比起来，能否为用户提供优质的产品、良好的信用和极致的体验才是平台更看重的事情。事实上，共享经济的独特之处就恰恰在于它通过共享平台增强了个体的力量，个体由于被赋予了过去只有企业才拥有的某种力量，他们对社会的资源贡献才获得了越来越多的尊重。在共享平台上，每个人都更像创业者或者企业家而不是员工，这也正是当前我国大力推进大众创业、万众创新的题中之意。

客体特征是资源优化配置。共享经济有利于产能过剩条件下闲置资源的利用和知识资产作用的发挥，工业经济时代由于网络技术的不发达导致的信息不对称现象造成了大量资源的闲置浪费。这种情况在“互联网＋”时代得到了很大程度上的缓解，共享平台存在的意义就是通过联合海量个体释放出隐藏在过剩产能和闲置资源中的价值，利用过剩产能和闲置资源在本质上就是一种基础的协同共享行为。在社会转型过程中，共享经济甚至被看作是未来十年最重要的一种商业模式，根本原因就在于它通过大规模地激活闲置的存量资源而减少了能源消耗、优化了资源配置、提高了合作效率、催生了全新的经济形态。从过剩产能中创造新的生产力，从闲置资源中挖掘新的社会价值，共享经济的精髓就在于它更集约化地实现了社会资源的优化配置。

行为特征是权属关系调整。所有权概念是工业经济时代的资本主义社会强调的主流价值观念，人们花钱购买包括住房、汽车、家用电器等在内的一切商品的所有权，在权属关系上绝对完全拥有某种资源。但是在工业化的后期，这种大规模生产和无节制消费的弊端越来越明显，产能过剩、过度消费、能源枯竭、资源浪费等问题日益严峻。共享经济则通过所有权与使用权的分离，采用以租代买、以租代售等方式让渡了产品或服务的部分使用权，以此来实现资源利用效率的最大化。这种权属关系的调整进一步改变了经济的游戏规则，传统意义上的买家和卖家身份消失了，取而代之的是资源的所有者、提供者、组织者和使用者等身份。共享经济推动着我们“摒弃市场和产权交易，从观念上推动人际关系实现结构性转变，这就是从产权观念向共享观念的转变。”③ 尽管这种转变是令人难以置信的，但使用权在现实经济社会中的发展趋势的确强烈地冲击着占主流地位的所有权概念。

文化特征是使用胜于拥有。技术经济范式的转换过程不断从

---

③ ［美］杰里米·里夫金，赛迪研究院专家组译：《零边际成本社会》，中信出版社 2014 年版，第 241 页。

技术领域向经济领域延展，并最终影响到更深层次的社会制度与社会文化，从而导致制度和文化的变迁。“互联网＋”技术经济范式在推动共享经济繁荣的同时，也必然会促进共享型社会文化的发展。过去，年轻人恋爱时经常说的“只要曾经拥有，何必天长地久”正在更广泛的经济领域演变成“曾经使用，何必拥有”的共享价值理念，而且这一理念正在从年轻群体向整个社会渗透。事实上，互联网本身就是孕育共享经济的温床，作为网络土著的年青一代已经完全适应这种协同共享的机制，他们的群体文化也从一开始就是共享型的文化。过去，包括新闻、视频、音乐、图像、故事等在内的文化生活中的所有要素都可以在互联网上分享；今天，年轻人正在引领整个社会进入一个更高层次的共享阶段，他们正在利用最先进的信息技术与社会共享自己所创造的成果乃至现实生活中的各种财产。在一定程度上，从所有权到使用权的转变过程，也反映了从私有文化向共享文化的代际文化转变过程。

共享经济引发的产业变革

互联网、智能手机、大数据等极具颠覆意义的技术创新带来了计算的民主化，从而使得“互联网＋”时代的共享经济能够渗透到日常生活的方方面面，并逐渐用共享模式颠覆了存在于这些领域中的那些我们习以为常的惯性思维，成为解决这些领域所面临实际问题的一个理念框架。当前，已经有数百万的参与者在全球范围内以近乎为零的成本生产并分享着绿色能源，有近千万学生正在参与大型的开放式网络课程（慕课），有越来越多的汽车参与到共享出行的行动大军中来，有越来越多的个人健康医疗数据被以特定方式公开用来预测并预防公共卫生危机，甚至数以亿计的年轻人开始接受短期使用住房或酒店的理念而极大地降低了购房的刚需。新的技术经济范式所带来的深刻变革正在更广泛的产业经济领域发生，只要将共享基因植入具体的经济肌体，变革就会随之而来。而这种变革改变的不仅仅是我们参与竞争和创造价值的方式，它还颠覆了我们管理人力资源的方式，无论从哪个角度来看，这都是经济发展史上一次划时代的质变。

政府规制的变革。我们所遵守的法律法规决定着市场竞争的边界范畴、方式方法和时间地点，而随着越来越多的企业转变为人人共享的平台型结构以及越来越多的个体成为平台上的自由职业者，过去曾经适用的政府规制也失去了原有意义，不但无人从中获益，反而严重阻碍市场创新。更具讽刺意味的是，那些严格遵守过去政府规制和政策限制的人反而恰恰因为其墨守成规而成为阻碍创新的人。例如，有关出租车的很多法律法规限制了出租车司机的创新，这也正好给了优步、滴滴这样的企业以获取巨大成功的市场空间，但是很多城市的出租车司机却联合起来抵制来

案例：拍片网倡导的导演领域变革

拍片网汇聚了中国顶尖的影视创作者，无论是导演、制片、策划，还是摄影师、编剧、演员，都能够在这里找到创作机会和合作伙伴，每天都有崭新的创意在产生，每天都有不同的影片在拍摄，每天都有新鲜的作品在诞生。一句话来讲，拍片网就是“滴滴导演”，可以找到为您拍片的导演，也可以理解为视频制作领域的京东或淘宝，是一个视频内容制作平台。其优势是：选择多、价格低、速度快。

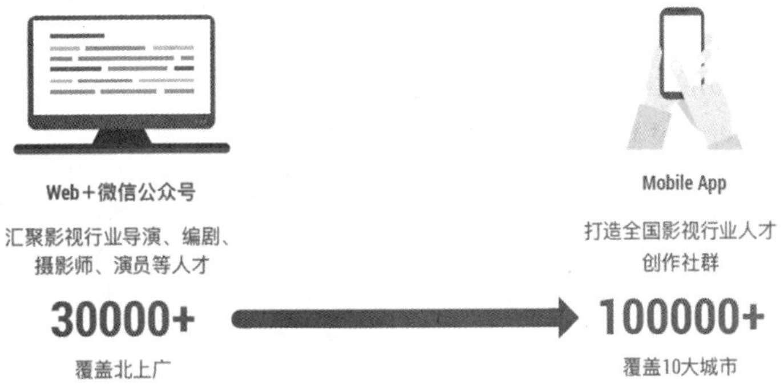

自创新型共享平台的竞争。由于共享经济作为一种新的经济模式在很多国家尚未被纳入正式经济体，为了保护主流经济免受不可控因素的影响，很多地方政府仍然按照过时的法律、法规、政策和条例对共享经济等非正式经济体实行严格的管控，甚至因为对

这种新的经济模式的不了解而将它们扼杀在了萌芽阶段。共享经济正在创造的是一个人人都可以通过共享平台成为创业者或企业家的经济世界，这就需要打破那些建立在工业经济逻辑基础之上的政府规制，重新确立对新经济的恰到好处的监管。政府要做的是通过制定相应政策鼓励创新，如果限制太多就会适得其反，当共享经济的创新速度已经远远超过政府规制能力的时候，就是我们对那些陈旧的政府规制进行根本性变革的时候。

产业生态的变革。在传统的工业经济时代，大众传播技术、石油能源动力以及铁路公路网络等共同构成了产业经济发展的基础设施，并形成了自上而下、从中心到外围、高度集中的管理体制和产品的生产营销模式，石油产业、电信产业、汽车产业、媒介产业、制造产业、运输产业、房地产业、金融产业乃至更广泛的服务产业等都是建立在这种逻辑之上的经济业态。当这种经济逻辑的矛盾发展到一个临界点时，新的技术经济范式开始逐步发展，通信互联网、可再生能源互联网以及全新的物流互联网逐步融合成为连接所有人和物的超级物联网，并成为产业经济所赖以发展的新的基础设施。在这个过程中，具备高级智能的芯片、传感器以及更多样化的设备被广泛安装于工业制造、交通物流、农业生产、环境监测、城市管理、物种保护、医疗健康等几乎所有领域。在这样一个连接万物的物联网技术平台作为支撑的前提下，产业经济发展的协同模式快速地取得了成功，从而形成了共享经济遍地开花的生态景观。“物联网的运营逻辑在于优化对等生产、全球接入和在公民社会中培养并创造社会资本的敏感程度。建立物联网平台的根本初衷在于鼓励分享型文化……物联网赋予它一个高科技平台，使其成为21世纪决定性的经济模式。”④于是，我们看到共享出行正在变革传统的交通运输，共享房屋正在变革传统的酒店住宿，共享办公正在变革传统的办公室租赁，共享学习正在变革传统的高等教育，理发、按摩、餐饮、快递、广告、医疗等领域也因为共享模式的出现而面临前所未有的颠覆性革命。

商业模式的变革。“互联网+”时代不断上升的消费者预期以及越来越短的产品生命周期已经使工业经济时代的主流商业模式黯然失色，它们不得不通过全新的协同共享型商业模式来调整自身过去的生产、经营、管理、营销与互动。与传统的商业模式相比，共享模式将监管者、股东、管理者、合作者、消费者以及员工等广泛的利益相关者都整合为人人共享平台的参与者，从而形成产品创新的强大驱动力，这也恰恰是共享平台上最有价值的资产，因为群体的智慧、天赋、创造力和激情是源源不断、用之不竭的。无论是生产型企业还是服务型企业，在解决商业问题的过程中都可以尝试通过众包、众创、众筹之类的开放创新机制鼓

---

④ ［美］杰里米·里夫金，赛迪研究院专家组译：《零边际成本社会》，中信出版社2014年版，第18页。

励群体智慧的积极参与。共享私家汽车可以缓解交通拥堵的问题，共享政府数据可以解决公共管理的问题，共享更多的资产一定可以生成更多的创造性解决方案。过去通过专利、垄断、牌照等方式建立起来的商业壁垒在共享模式的冲击下将快速开放或瓦解。企业想要成为共享经济时代的领导者，就必须重构自身的商业模式建立共享平台，让更多的人参与进来，为人们之间进行分享、互动、学习、交流创造无限的机会。只有对平台上的所有参与者有贡献，平台本身才能持续发展。共享模式带来的创新民主化进程降低了市场的交易成本，市场经济中的交换价值逐渐被协同经济中的共享价值所取代，并孕育了一种全新的商业模式和激励机制，它更多的是在合理的物质回报需求的前提下，致力于提高人类社会的整体福利。在这种商业模式下积累起来的资本，除了货币资本之外，更重要的还有社会资本或社会货币。

雇佣关系的变革。过去的工作方式基本上是每个人在特定的时间内只从事一份特定的工作，但是在共享经济时代，由于网络连接和智能设备打破了工作时间与休闲时间、工作场所与生活场所之间的界限，越来越多的个体正在通过网络平台共享自己的闲置资源，包括时间和劳动力，于是越来越多的人不再满足于单一职业这种无聊的工作方式而是选择利用共享平台拥有多重职业、多重身份和多重收入。共享经济推动着经济组织、企业管理和雇佣关系发生变革，传统的在固定时间把员工集中在固定办公场所的工作方式，逐渐被松散的、协同式的、灵活参与的工作方式所取代。这成为新的“互联网 +”技术经济范式快速发展而产生一种新工作方式，它促使我们对员工、工资、税收、劳动力、人力资源管理等诸多方面进行反思并更新建立在工业经济基础之上的管理方法和模式。实际上，新的人人共享平台在某种程度上极大地增强了个体的力量，深化了个体参与创业的程度，每个人都可以通过个人的闲置资源、好的创意、时间精力等作为某种形式的“股份”投入到共享平台中。但需要明确的是，无论是个体还是海量个体构成的群体，都不是平台雇用的员工，平台也不能像对待传统的员工那样强制他们提供任何劳动或服务。相反，平台应该尽最大的努力为所有参与者提供最好的奖励机制，鼓励他们自发参与、积极创新、主动分享。只有让平台上的每个个体和整个群体不断成长并取得成功，平台的价值才会真正体现出来并获得市场的认可。从这个角度看，平台变成了越来越多个体创业者或合伙创业者的“公地”。

结语： 一个协同共享的创新时代

共享经济开启了史无前例的创新时代，海量的个体借助移动智能终端与全世界分享自身的信息资源和物质资源，极大地提升了闲置资源的利用效率。当前，产业经济正处在转型的关键时期，共享经济为它的转型提供了一种全新的思维方式。借助共享平台和群体智慧的力量，大量处于闲置状态的产业资源都能够实现优化配置和高效利用，从而为企业和用户创造更多的价值。只有那些敢于做出改变并快速运用共享经济新规则的传统产业和传统企业，才有机会在未来的产业融合与跨界竞争环境中继续保持竞争优势。

第三章

资源配置方式的革命

激活闲置过剩资源

尽管在过去的20年里，劳动生产率已经翻了一番，但是资源的使用效率却只提高了50%～10%。但这并非因为缺乏提升的空间，反而在某种程度上意味着，资源的使用效率仍然存在着巨大的改善空间。

在现有的工业流程中，浪费的最佳例子之一就是能源，而且这种浪费通常以蒸汽或者热量的形式出现。很多公司已经发现，在他们使用的能源中，只有10%真正被用于制造产品，其余都在对同一设备加热、冷却、再加热的过程中被浪费了。

无处不在的资源浪费

事实上，除了各种类型的能源使用效率极端低下之外，工业经济时代的资源浪费和闲置现象随处可见。

每位单独驾驶的司机车内，还可以坐下三名或者更多的乘客，这是最典型的资源闲置浪费的现象。当我们开始以与众不同的方式思考的时候，就会发现很多无形的但是现实中处处存在的产能过剩、资源浪费和资源闲置现象。

房地产市场是一个资源和需求不匹配的典型领域，其产能过剩和空置率高已经成为众所周知的问题。腾讯网、腾讯房产研究院与中国房地产报、《腾讯智慧》联合发布《2015 年 5 月全国城市住房市场调查报告》显示，全国三、四线城市新房住宅平均需要 26 个月才能消化当前的库存量。其中，湖北十堰、安徽宿州、山东威海等三个城市的去化年限均在 10 年以上，供求关系严重失衡。也就是说，过去十几年，我们盖的房子太多了，很多中小城市的房子卖不动，甚至都出现了鬼城现象。但是，与此形成鲜明对比的是，无论在大中城市还是中小城市，很多人仍然由于房价太高而买不起房子。

闲置率最高房子的应该是在沿海城市遍地开花的海景房。一年前在山东威海买海景房用来度假的方生，近期犯了愁：我在广州工作，一年去威海度假的天数不超过 5 天，200 多平方米的房子一年空置 360 天，每月还要交 1000 多元的物管费及各种公摊费用，这差不多可以在郊区租套房子住了。据统计，在海景房最集中的三亚湾等地，小区内的常住率大多在 20% 左右。高峰时仅为

40% ~60%。三亚五个片区平均闲置率为84.75%，大东海和海坡片区的闲置率分别为94.26%和96.26%；即使在旅游度假旺季的春节期间，平均闲置率也达62.99%，海坡片区更是高达87.25%。

当然，房地产资源闲置的现象也并不是中国特有的问题。据英国住房慈善庇护所（Housing charity Shelter）的统计报告指出，在英国大约有27.9万套私人物业被长期空置。而在美国费城，大约有4万套（栋、间）公共或私人物业被空置，按照当地的租金计算，每年至少浪费了超过2000万美元的租金。这种房地产闲置也造成了30亿美元的房地产价值下跌。世界上其他许多城市都和费城存在着同样的问题，而城市的居民们，包括企业家、艺术家和年轻人在内，本来可以利用这些空间来经商、创作和创业的。

中国的汽车产能也存在明显的过剩现象。中汽协发布的数据显示，2014年全年我国汽车销量为2349.19万辆，同比增长6.86%，增速低于中汽协年初预计的8%到10%的幅度。如果今年以7%的增长计算，2015年的销量约为2500万辆。但目前上汽、东风、一汽、长安、北汽、广汽、华晨、长城、奇瑞、江淮、比亚迪、吉利等汽车厂商发布的产能数据显示，其总量已经超过3000万辆。车市增速放缓后，产能闲置率更高，部分企业日子“越来越难过”。

新能源的使用也存在闲置和浪费的现象。在对于可持续能源的探索上，中国的建设步伐一直没有落后。事实上，在风能发电量上，中国已经是全球之首，总装机容量100兆瓦更是超过全球的1/4，接近美国的两倍。但因为电网分离的原因，风电实际有多少走进千家万户呢？路透社称，由于在偏远地区利润率不及火电，中国风能的闲置率达到20%。而要想全部利用起来，一方面是建设超高压输电线实现“北电南送”，另一方面需要施压电网企业重视再生能源。

事实上，在很多领域存在的产能过剩并不是绝对意义上的产能过剩，而是相对意义上的过剩，与这种过剩相对应的，在经济领域还存在有限资源的紧缺现象。随着经济的发展，资源的约束表现得越来越突出，这种紧缺不仅仅体现在石油、铁矿石、煤炭等自然资源上，还表现在与我们日常生活紧密相关的私人用品和公共品上，例如道路交通、停车位、住房、人际关系等等。以停车位为例，据有关部门估计，目前我国停车位缺口超过5000万个，如此巨大的缺口肯定不是短期靠建设就可以补上的（特别是大中城市），这就需要我们用全新的思维方式和资源配置方式解决这些问题。

除了产能过剩之外，放眼四周，闲置资源和浪费资源的现象也无处不在：从长期停放在停车场的轿车到空置的商铺，从我们平常自己用不到的技能到我们移动计划中多余的时间，当然，还有堆满各家储物间的被主人遗忘的物品……闲置产能和闲置资源几乎无处不在。这些未被充分利用的资产，大量地存在于我们每个人的家里、城市各处以及商业供应链中。人们通常不会注意到它们，或者即使注意到了，也由于司空见惯而对这种资源闲置现象习以为常。

这种资源的闲置与浪费现象实质上是由我们对这些资源消费的碎片化和零散化造成的。过去几十年我们一直崇尚消费主义，通过不断消费然后又不断丢弃的方式来不断发展经济。事实上，现代人的消费呈现出碎片化、零散化的特征，但是物品却以“拥有”而不是“使用”为主，这样不对称的结果必然导致大量浪费性消费的出现。例如，我们购买一台电钻机一年的平均使用时间只有 12 分钟；另外有数据显示，平均每辆车每天的闲置时间是 22 小时，所有车加起来就是一天 200 亿小时的闲置时间。这样的浪费还有很多，例如停车位、衣服、书籍、电脑，甚至个人的知识才能等。

上述过剩产能和资源闲置的案例存在于我们生活中的方方面面，而且很多时候还给个人、社区、政府乃至整个社会带来很多不便乃至危机。但同时，它也为激活这些过剩产能和闲置资源提供了潜在的机会，它无处不在，它可能属于你我，也可能属于他人，它可能是房子车子等有形的实物资源，也可能是知识数据等无形的信息资源。不管是什么，它已经将我们包围，并孕育了共享经济可以开发的无限机遇和潜能。过剩产能形成的很多大大小小的理念中，有些将会在未来扩展为改变社区、完善社会、颠覆世界的巨大力量。那些我们一直以来所忽视的事物中，蕴含着巨大的尚待开发的潜能，而这将能够为生产者和消费者创造出更好的投资回报。事实上，这种过剩产能还存在很多很多，我们只需要仔细思考并用不同的方法对其进行分类整理即可。过剩产能和闲置资源是全新的共享经济平台向外界提供产品或服务的关键，新的价值将从原有的事物中被重新挖掘出来，并会被重新利用。

学会共享， 不再闲置

面对相对的过剩与市场的潜在需求，面对欧美的经济危机与中国经济的转型升级，“共享经济”的思维在全球范围内快速地被接受和广泛传播，最初和最接地气的功能是给身陷困顿的人们提供了赚钱和省钱的方法。这种利用互联网降低交易成本、提高效率、减少资源浪费的模式是对过度消费的反思，是一种可持续发展的经济。它还有价值观的含义，从互联网里带来了合作、个性化、绿色环保。维基百科将这种共享经济的理念解释为：围绕人力资产和实物资产共享而建立起来的可持续的经济体系，包括不同人及不同组织之间就创造、生产、分配、贸易、商品及服务消费等方面的共享。英国著名共享经济的企业家代表、Justpark 的创始人斯特凡尼认为，共享经济的价值在于能使社会团体通过互联网利用未被充分利用的资源，进而对减少对这类资源所有权的需求。关于所有权与使用权的问题，我们后面还会详细讨论。

在一个物质丰裕的年代，在一个地球不堪重负的时代，我们是追求占有拥有过剩的物质财富，还是物尽其用，充分发掘物质背后的价值效能？其实，这已经不是一个道德命题，而是人类在雾霾中如何寻求出路的一个严峻挑战。共享经济很大的一个使命就是给高速行驶中的人类社会做必要的“减法”，将过去物质匮乏年代所形成的产权物权边界留下灵活腾挪的空间，将使用权解放出来。在愈来愈丰厚盈余的社会资源中，寻找更智慧、更和谐、更亲近自然的共享生活方式。当一辆私家车只有5%的使用效率的时候，我们的城市却拥堵不堪、生态恶化，而理论上，一辆车一天可以满足14个人的出行需求。显然，如何发掘社会过剩存量资源、再造价值是共享经济的必然路径，也是当下商业模式中最重要的成功逻辑。所以，这个世界上出现了没有一台车的最大的租车公司，出现了没有一间房屋的最大的房屋租赁公司。

粗略地说，共享经济的价值在于为整个社会的成员之间重新分配过剩产能和闲置资源，它包含但并不限于以下几个层面：

第一，价值创造。共享思维创造了互利互惠的经济价值。共享经济的核心价值是挖掘闲置资源，通过共享的方式充分利用，即所谓的互惠互利。2008年的金融危机期间，当时美国的失业率达到10%，处于经济危机中的人们纷纷清点自己家闲置的房间、汽车、物品，放到互联网上换钱贴补家用或者以物易物，以实现物品的最大化利用和收益。事实上，人因为擅长合作才能在自然界脱颖而出。今天的信息技术将人类群体之间、个体之间的充分协作提升到了一个新的高度，信息对称、利益共享、价值互惠，把马克思所说的人的社会化生存有了一个质的提升，无限接近于习近平主席所说的“命运共同体”。可以说，共享经济的出现和繁荣标志着人类价值创造和文明发展的新高度。

第二，激活未被充分利用的闲置资源。我们前面提到的大量案例的潜在价值就在于其闲置产能，即在一定时间段内可以从这些资产和资源中获取的附加值或者额外收益。闲置产能这一概念在工业经济的背景下逐渐产生并发展到了一个史无前例的程度，而共享经济则是要运用全新的思维和手段去研究如何解决这一问题的一种经济模式。这也就意味着资产的闲置期、空档期或停工期也可以被转化为收益期，无论这种资产是一台摄像机、一座厂房、一辆自行车，还是一个人的知识、时间或者劳动力。对闲置资源的利用，理论上也符合人类社会的趋势。比经济危机更难于弥补的是恣意生产和消费导致的资源枯竭和环境恶劣。量化到科学家的研究成果，到 21 世纪末，地球表面温度有可能上升 3 摄氏度，而 1. 5 到 3. 5 摄氏度的变化，可以导致动植物在不到 100 年内大量灭绝。可持续发展不是一句空话，它看起来跟人的眼前利益最远，却与全人类的命运紧紧相连。

第三，共享网络的易访问性以及共享资源的易得性。为增加利用率，这些资产应能够便于人们使用。在共享经济背景下，“共享”已成为“能够访问”的简约表达，一旦有资产在网络上公布，人们就有机会加以利用。互联网技术的发展（特别是社交平台的兴起、移动技术的发展以及支付手段的变化）增强了我们所说的这种易访问性和易得性，使得共享经济的实现成为可能，互联网技术、电脑、智能手机等现代技术的发展为信息分享提供了平台。例如，自从2007年苹果智能手机重新发明了手机之后，我们变得随时可以发布自己的需求或者提供自己的物品，GPS可以帮助定位，网络支付、网络搜索工具等网络技术的不断流行也大大降低了人们进行共享的交易成本。我们愿意选择在一个共享网络平台上进行分享，是因为有更大的组织花费了大量的时间与金钱开发出了更方便我们进行共享的技术和工具，从而将一些复杂和昂贵的事物变成了人们可以简单低价获取的资源。

第四，共享经济的发展离不开社群的力量。仅仅让人们能够访问而未充分利用资产是不够的：这些资产需要在社群内部流动。社群不只意味着供需，在成功的共享经济商业模式下，社群用户之间的往来超出了其交易所需，他们互相信任。正如我们将会看到的，他们以价值为基础，保护这些价值不受内部威胁，并可抵御外部威胁。通常，这类社群建立在利益群体之上。群聚效应，这是一个社会动力学名词，用来描述在一个社会系统里面，某件事情的存在已达到一个足够的临界点后，使它能够自我维持，并为往后的成长提供动力。任何事物的兴起、流行都是一个群聚效应的反应。社会化交往成为促进共享经济发展的一种潜在驱动力，用户通过共享平台走向成交只是非常表面的现象，这是

案例：开源办公系统

IBOS 是开源的协同办公 OA 系统，自公开发布以来，已拥有超过 50 万下载量和 42000 家活跃的企业用户。IBOS 已连续 4 年位居“中国开源协同管理软件市场占有率”榜单第一，是开源协同管理领域的领导者。“酷办公”是基于移动互联网的去中心化、社会化的 SaaS 协同工作平台。基于“酷办公 + IBOS”搭建的云 + 端协同平台，具备 SaaS 产品“开箱即用”的便捷性，又具备开源产品的开放性，是一站式的企业互联网解决方案。

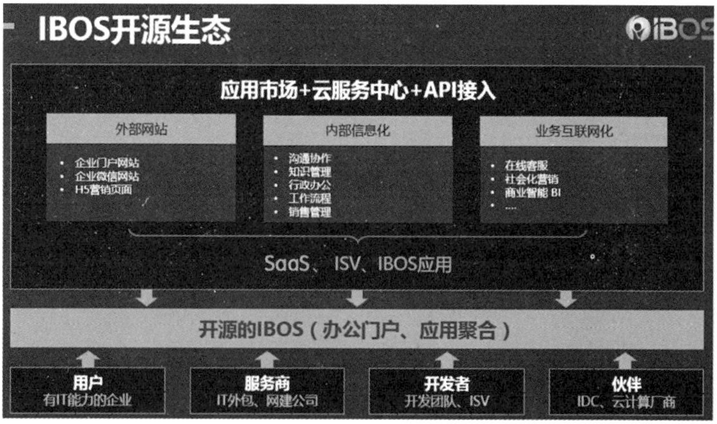

对行为的描述。其背后的机理是用户在达成成交的过程中首先和其他的用户、和潜在的消费者、潜在的同行、潜在的兴趣同业者形成了一定程度的社交关系，这种社交可能是弱连接，也可能从弱连接发展成为强连接关系。

整体而言，共享经济的出现，降低了供给和需求两方的成本，大大提升了资源对接和配置的效率。这不仅体现在金钱成本上，还体现在时间成本上。一方面，对供给方来说，共享模式首先可以帮助供给方降低实际成本，供应方不需受雇于某些组织或公司而直接向客户提供服务并收取费用。通常，个体服务者只需要向平台支付一定的佣金。而有些平台（例如 Airbnb）是向消费者收取佣金，个体服务者不需要支付任何费用。共享平台还是得供给方能够更加便捷地获取用户，共享经济平台上聚集了大量客源，服务/产品提供者只需要在共享经济平台上注册即可获得客源，省去寻找客源的时间成本。这样，资产所有者的闲置资源得到了有效利用，共享物品或服务可以令其闲置资产变现，从而为整个市场带来更多供给。另一方面，对于需求方而言，供应方成本的降低促成个人提供的共享服务价格往往低于企业所提供的服务，当使用共享服务的成本低于从市场上租用或购买该标的的成本时，需求方选择共享标的就可以相对获益。最直接的例子就是，越来越多的出行者选择使用滴滴或者优步这种共享出行的模式来降低他们的出行成本，事实也证明这种出行模式要比打出租车或者自己开车的货币成本至少低20%以上。由于共享出行模式的兴起，北上广深等越来越多的大城市的年轻人逐渐开始放弃购买汽车的计划。

因此，我们可以认为，闲置资源是共享经济产生的物质基础。比如，有些人有房却不常住，有车但不常开，长期闲置形成浪费。而另一些人则存在对资源使用权而非所有权的需求。比如，他们希望在某个时间段住在某地或在某地驾车出行，但预算有限，不希望购买。在这种情况下，如果双方能够有效对接，不但可以将闲置产能再利用，还可以为所有者带来货币收益。云计算、大数据、物联网、移动互联网（下文以“云大物移”技术作为互联网技术的统称）等互联网技术的发展使共享经济从理想成为可能。通过互联网平台，个体之间进行这种直接的商品和服务交易的成本大幅度下降。

从所有权到使用权

在中国，无论是农村还是城市，有车有房已经成为小康社会的基本理想，甚至被很多人描述为中国梦的重要组成要素。千百年来，世世代代的中国人沿袭着“放羊—挣钱—盖房—娶媳妇—生娃—再放羊”的逻辑循环，甚至有很多为人父母者穷尽一生的血汗只为给子女在城市买一套房子。最近几十年，拥有汽车作为私有财产也逐渐成为一种现代生活的必要象征，那些能够买得起高级汽车品牌的人也在其他人面前显示出一种溢于言表的优越感和自豪感。但是，正如我们在前文提到的那样，城市被过度的房地产化，中国经济也曾经一度被房地产业所绑架；汽车带来的城市交通拥堵和尾气污染持续地折磨着越来越多居民的身心。

在美国，保有汽车和使用汽车的平均费用高达每月数百美元，占每个家庭收入的20%，成为除了住房支出之外美国居民最大的开销。但是，就是这样一种昂贵资产，其平均闲置时间却高达92%，这也使得汽车成为美国人使用率最低的固定资产。在中国，很多上班族都会开车上下班。但是回想一下，你的车子每天被使用的时间大概有多久？2小时？还是4小时？相反，它在停车场上被闲置的时间会更长，可以有20个小时左右。这时候我们需要付出的东西就很多，比如停车费、加油费、保险费、维修费等等。

如今，越来越多的80后和90后更愿意按照时间段支付交通工具费用，而不是自己拥有交通工具。我的朋友郭涛，一名年轻的80后大学教师，经济条件比较优越，生活态度积极健康充满正能量，但是却坚持不去考驾照买辆车，平时的出行工具基本上是“步行+自行车+地铁+优步”的简单排列组合。随着大城市的年轻人更加注重健身运动，城市的交通方式和出行文化也在悄然发生着变化。同时，滴滴、优步、易到、神州等汽车共享和租赁公司也在冲击着传统的出租模式和私家车模式。

“车辆共享”这一理念最早于1987年由瑞士发起，在欧洲许多国家和城市获得推广。有调查显示，一辆私家车在一天24小时里，真正使用的时间平均不到3小时。在分享模式下，一辆汽车可以替代8辆私车的功能，提高了汽车的使用率，同时减少了对道路的占有。对于普通消费者而言，分时租赁共享不仅是一种时尚、经济、便捷、无忧的用车体验，还是应对买车摇号、拥车太贵、通行限号等困难的最佳选择。

车辆共享服务也为电动汽车的发展提供了借鉴意义，“自助使用”正在成为一种快速发展的新型汽车共享服务方式，它通过零碳排放的电动车来提供可持续的交通方式。如今，北上广深等城市的充电桩设备正在逐步地健全起来，我所在的高校也完成了这种基础设施的安装，用户只需要向提供电动车服务的公司注册申请一张充电卡，就可以自主决定按小时、按天、按周还是按月、按年使用这些公司提供的电动汽车了。这样，我们就不需要购买任何一辆汽车，但是我们却可以随时按需使用一辆汽车。在共享模式下，供需双方都会有更多的选择：消费者可以购买汽车的所有权，也可以只支付租车的成本；汽车厂家既要卖整车，还要卖使用服务。同样，消费者可以租有人驾驶的车辆，也可以租无人驾驶的车辆。实际上，分享是与拥有相对的，你的车平常自己用，但上下班时可不可以把使用权分享出来，变成几个人共用，这样就不需要每个人都买一辆车了。一辆车如果坐 4 个人，就省了 4 个车的位置，就可以缓解拥堵、减少污染，让城市可持续发展。

共享经济，对应商业模式是以租代买，理论实质是什么？是产权革命，而且工业革命以来从没有发生过的产权革命，表现为产权的核裂变，也就是占有权和使用权的分离。举个例子：你家里有架电子琴，你只有周末的时候才会弹，平时都闲置在家，不会去弹它。现在有个小妹妹，周一到周五晚上都要学电子琴，她很需要一台电子琴。这时，你把电子琴在周一至周五时间段内进行出租，而小妹妹刚好可以租你的电子琴，这样你来我往的，你就和这个和你有共同兴趣爱好的小妹妹成了朋友。你的闲置电子琴发挥了它更大的价值，而小妹妹也用较低的价格获得了一台电子琴的使用权，同时，你们因为共同的兴趣爱好成为好朋友。

在过去，占有权和使用权的两权合一是产品的主要产权状态，但是共享经济的快速发展正在通过加速产品向服务的转变来促进两权的分离。实物商品在嵌入了越来越多的比特之后，运作起来就越来越像没有形态的服务。名词变成了动词，硬件运作起来更像是软件。在美国的硅谷，人们将这一现象描述为“软件吃掉一切东西”。数字时代的复制首先把信息产品所有权分离为占有权和使用权，这种分离并没有仅仅停留在线上，而是快速地延伸到了线下的物理世界中，而这种转变让认为财产天然具有排他性的现代人很难理解。

但是，实际上，从古罗马到法国大革命，占有权和使用权一直是分离的。古罗马的财产取向跟互联网有类似的地方，重视财产利用的权利，财产闲置不用，又不让别人使用，是一种浪费。而伴随着共享模式的兴起，占有权和使用权再次分离。这种情况下，你的物品还是你的物品，你拥有它的占有权，你只是在你不需要它的时候把它的使用权交给了别人，而你从中获利。共享经济不创造资源，而是将闲置资源分配给需要它的人，让资源得到更充分的利用。

当汽车变得更加数字化时，它们将会如我们交换数字媒体一样以一种社交化的方式被交换、共享和使用。我们在家居用品的和办公用品中嵌入越多的智能和智慧系统，就会越发将其作为社会财产对待。我们将在某些方面分享它们，则意味着我们在分享它们的时候会思考自身。类似的，Kindle 并不是一件产品，而是使用阅读材料的一种服务方式。在亚马逊公司将其存有约 100 万本电子书的图书馆开放为“全部可阅读”的订阅服务时，这一转变变得更加显而易见。产品会鼓励所有权，但服务并不主张所有权，因为伴随所有权的排他性、控制性和责任类特权在服务时是没有的。所有权是随意的、不稳定的。如果有更好的东西出现，那就抓住新的丢掉旧的。而另一方面，订阅则提供了一个有关更新、发布和版本的永不停歇的服务流程，促使生产者和消费者之间保持永久的联系。服务并不是一次性的事件，而是一种不间断的关系。对于这种忠诚的关系，生产商自然是满怀期待的，但是消费者也能从这持续的关系中获取一些收益：不间断的质量保证、持续的性能提升，以及细致的个性化定制——前提是服务本身是良好的。

使用模式将消费者与生产者的距离拉得更近，实际上，消费者通常也会扮演生产者，或者产消者。现在看来，越来越多的领域正在利用这种占有权与使用权的分离模式改造自身的商业模式，将产品改造成服务，将出售所有权改造为出租使用权。正如凯文·凯利所说的那样，使用权要优于所有权，以至于使用权正在开拓经济的新领域。的确是这样，消费者购买一把电钻，最终目的是要在墙上打出一个孔来，关键的问题在于，他们其实可以不必为了一两次的打孔而彻底买下一台电钻机，打孔服务似乎更适合消费者的利益诉求。同样的，我们需要的是出行服务、住宿服务、衣装服务、家居服务、玩具服务、娱乐服务和越来越多的其他服务。

共享平台的重要意义

长期以来，有两种基本方式来组织人们进行工作，即企业和市场。企业（比如一家公司）有着确定的边界，员工需要经过认证许可才能开展工作，并且它使得人们通过协同合作来提升工作效率，这要比他们在公司外各自工作更加高效。市场则有着更具渗透性的边界，无须许可即能参与，而且能够利用看不见的手来分配资源，以实现最高的效率。最近，第三种组织工作的形式出现了，即平台。

成功并能长期存在的“共享经济”，一定是贡献了很高的社会价值，比如 Uber 让打车变成了一件容易和愉快的事，让很多人提高了经济收入；而 Airbnb 则让你的国际旅行变得更惊奇、更个性和更省钱。所以它们在全世界迅速扩张并被广泛接受就变成非常自然的事，而总结这些成功的共享经济案例后，我们也发现，它们中的绝大部分企业都是平台型的企业。成功的共享经济平台，应该能激发正向的同边网络效应，就像在 Facebook 上，当人们看到越来越多的朋友在上面分享人生的日常百态与快乐点滴，会吸引自己也会加入；同时也能激发正向的异边网络效应，就像在脸书上加入的个人用户越多，也就吸引越多的第三方应用程序（另一边用户）入驻。

平台是由一个企业创建的基地，使得其他企业可以在其基础上创建产品和服务。它既不是市场也不是企业，而是某种新的事物。一个平台就像是一个百货公司，出售并非由它创造的商品。过剩产能是一种诱人的低成本原料，它使得搭建一个广泛的资源共享平台变得意义重大。相比起一个个拥有过剩资源的独立个体，平台能够更快速地设定标准并简化参与流程。而当一个共享平台能够让过剩产能重现价值的时候，接下来要使这个平台充满活力就需要谨慎地投入时间、技术和资本等多种要素。

简单化、标准化和易参与是平台的重要属性，这实际上意味着一旦你能准确把握一个平台的要素，而人们也对你利用过剩产能的方式感兴趣，这一共享平台就能够发展得相当迅速。好的平台能够降低参与成本和参与难度，并能够将进入门槛降到非常低的程度。平台存在的意义就是通过联合他人释放出隐藏在过剩产能中的价值，利用过剩产能是一种基础的合作与共享行为，构建平台的根本目的就是要让海量的个体参与进来，让他们赋予平台以生命。

在一个平台的几乎各个水平上，共享都是默认设置——即使这也正是竞争的规则。你的成功取决于他人的成功。在一个平台里，继续持有所有权的想法将会变得问题多多，因为它还停留在私有财产的观念里。但无论是私有还是财产，在一个生态系统里都没有太多意义了。随着被分享的事物越来越多，越来越少的事物会被当作财产看待。因为，平台向用户提供的是使用权，而非占有权——只要曾经使用，何必天长地久。

本质上讲，共享平台的发展和崛起是一个去中介化与再中介化的过程。在传统的供给模式下，用户经过商业组织而获得产品或服务。商业组织的高度组织化决定了它们提供的主要是单一、标准化的商品或服务。同时，劳动者或服务提供者需要依附于商业组织，间接地向最终消费者提供服务。共享经济的出现，打破了劳动者对商业组织的依附，他们可以直接向最终用户提供服务或产品。个体服务者虽然脱离商业组织，但为了更广泛地接触需求方，他们需要接入互联网的共享经济平台。过去，优秀的个体劳动者是难以脱离商业组织而存在的。因为，脱离有组织的商业机构意味着他们需要自行解决办公场地、资金、客源、营销等非常繁多的问题。而共享经济平台的出现则帮助他们解决集客的问题。

个体服务者脱离原来的商业组织后，成为独立的经济单位，与共享经济平台的关系逐渐变得松散：他们可以接入多个平台，可以根据自己的需求调节服务提供时间，不再受到商业组织的制度束缚；另一方面，这种松散的关系反而促使并激发他们提供更多样化、个性化和有创意的服务或产品，以获得消费者的口碑和好评，以此帮助他们在平台上更好地集客。与此同时，共享平台则要建立健全自身的服务体系和机制，以更好地服务于平台上的供需双方，从而获得更快速的发展。具体而言，共享平台应该着重打造以下五大支持系统。

沟通系统：移动设备的普及，用户与手机几乎已经形成不可分离的状态。对需求端用户而言，他们需求的发出可以是实时的，并可以得到供给端服务人员的实时响应。同样，移动的 LBS（location base service）功能得到大规模应用。共享经济平台可以匹配最快响应、距离最近的服务人员。

支付系统：以 paypal、支付宝为代表的第三方支付工具逐渐成熟，为共享经济平台的各类应用提供了极大的支付便利。对需求方和供应方而言，双方可以实现实时付款与收款。同时，在一些预付费的场景下，网络平台作为第三方也保证了预付费一方的利益。

评价系统：例如，Airbnb 平台上，提供了可以在树上、湖边居住的房间，这在一定的时空之内是独一无二的，因此卖家甚至可以对买家进行筛选，选择其中评价最好的顾客入住，一些过去没有评分（未在 Airbnb 上进行过住宿）或评分较低（住宿过程中存在不文明行为）的用户则可能难以住上优质房源。

信任系统：共享的活跃度完全取决于信任度建立或培养机制的完善。“共享”有一个很重要的前提，就是“人与人的互信关系”必须被建立，共享的行为才会产生。这就像团队协作当中，上司给员工充分的安全感，则团队的合作与效率会大大提高。

安全系统：例如租车平台上的每一辆车都会经过安全检查，确保易于驾驶，同时还会在每一辆车内安装智能盒与行车记录仪，随时追踪车辆位置。此外，对于司机和乘客的保险机制也是共享平台必须要考虑进来的重要因素。

互联网模式下的平台创新从 eBay 网站开始，通过 eBay 网站让买卖双方直接在网上进行交易，连接了以往缺乏完善渠道的两个用户群体。而到了共享经济时代，平台模式更是迎来了前所未有的契机，将连接供应与需求的商机无穷放大，一边是海量闲置或盈余的资源，另一边是海量需要使用这些资源的人们，供和需在平台上无尽循环，释放出惊人的能量。接下来的章节，我们会为大家介绍在各个领域取得成功的共享平台案例，它们的成功启发着越来越多的人参与到共享经济的大潮中去。

第四章

共享颠覆经济

谁的危机？谁的商机？

共享经济的快速发展使越来越多的人开始意识到，未来商业的发展应该更倾向于 H2H，也就是个人对个人（Human to Human），也有人认为应该称之为 P2P。具体的提法我们不去争论，但是共享模式已经在世界范围内达成了越来越多的共识，成功的平台或者企业基本都在接纳和采用人人共享的框架——利用过剩产能（用户们已经有了可以激活这些过剩产能的智能手机和电脑终端）；搭建一个共享平台（也就是开发一个产品的应用软件）；邀请大量个体参与（下载应用软件，为用户提供各种权限，让用户使用相关设备等）。基于这样的共识，我们看到在全球经济的各个领域，共享型的企业已经发展成一道蔚为壮观和靓丽的风景线。本章中，我们将会详细介绍这些领域中目前比较成功的企业案例，看看他们是怎样在与传统商业模式的竞争中脱颖而出的。同时，我们也要知道，已经成功的传统企业不会白白地葬送自己的市场份额，它们仍然在竭力地负隅顽抗。共享经济的发展，在很大程度上肯定触动了传统企业的奶酪，切掉了传统企业的蛋糕。可以说，无论对于传统企业还是新兴企业，共享经济的发展都是危机与商机并存的。

衣：女人都想要更大的衣橱

在商场中，我们经常看到现代女性们为了买到自己心仪的衣服，逛了一家又一家的店面，穿梭于购物通道之间，徘徊于商品货架之前。为了买当季的新款时装，她们拼命地努力工作，不断地享受购买更多衣服的乐趣，但是却发现自己的衣橱里总是少一件衣服，那就是下一件。因为总有更好的、更漂亮的、更时尚的新款出现已经拥有和想要拥有之间的距离，总是随着我们拥有更多的衣服而逐渐扩大。无休止的广告，天天催促着女人们去买新衣服，很多人通过干那些根本不喜欢的工作，买回来一堆根本不怎么需要的衣服。波士顿大学社会学教授肖尔研究发现，人们平均 5. 5 天购买一次衣服，但是这些衣服的实际使用率却越来越低，衣橱中的很多衣服女人们只穿过一次，甚至很多衣服连她们自己也忘记了。

实际上，很多人并没有想过衣服可以共享。对于共享衣物而言，如果它要与传统消费模式竞争，就必须要提供足够多的、可以满足消费者需求的各种选择。例如衣物共享，如果愿意共享不同尺寸、颜色、品味的衣服的供给方人数很少，那么需求方找不到她们想要的，就会失望地离开而不再光顾你的共享平台。

在欧美，“共享衣橱”这种生活方式已经不是新鲜事物，它正以一种不可阻挡的惊涛骇浪之势席卷而来。共享衣橱，又被称为时尚租赁，专门为对自己的生活有更高品质要求，又精打细算，知道如何把钱花在刀刃上的人士们提供相关服务的时尚平台。Rent the Runway 是礼服共享模式的代表。RTR 的承诺是革命性的：给人们以零售价的一小部分租借像 BadgleyMischka（吉雷·米其卡）、Kate Spade（凯特·丝蓓）、Nicole Miller（妮可·米勒）这样的高端品牌，以及其他 220 个设计师品牌婚纱和礼服的机会。自 2009 年 11 月推出以来，该企业已发展了超过 400 万个会员。其超过 5 万件的衣服和数吨配件的库存被有条不紊地堆放在新泽西州一个 4 万平方英尺的仓库里。当她们还是哈佛商学院的同学时，珍妮弗·弗雷斯（Jennifer Fleiss）和詹·海曼（Jenn Hyman）就共同创立了共享衣橱帝国。他们想要解决一个由来以久的难题，即找到一些能引起轰动的礼服，穿着去参加婚礼却不用花太多的钱。现在，RTR 通过保持被其用户体验所吸引的时尚人群的客户忠诚度而继续跻身电子商务领域。

除了 RTR 之外，QFashion 所倡导的则是“租赁—分享”的消费模式，更多精致、高品质的商品将通过这样的模式进入广大爱美女性的“共享衣橱”，成为日常生活中触手可及之美。而作为共享衣橱的服务平台，QFashion 将帮助会员们完成所有的日常收纳、整理及清洗护理的工作。摒弃了欧美时尚租赁以礼服为主的单一化，充分考虑到了国内与国外不同的生活方式，除了礼服以外，QFashion 拥有的衣物们更侧重于日常场合的穿着。从日常通勤的职场装备，到居家游玩的休闲装备，以及会客交友的时尚装备，一切的需求，都可以在 QFashion 得到满足。

Clothing Exchange 则是一个典型的服装互换平台。这种服装互换最初还局限在一些女性朋友圈的小型聚会上，后来发展成为收取门票的服装交易大会，通常还会有 DJ 主持，在酒吧、餐饮店等场所举办，有时候甚至能够吸引多达 500 人前来参会，他们的年龄、体型、穿衣风格截然不同。随着参与人数以及她们带来衣服的增加，参与者的各种需求不断得到满足，这种现象就达到了引爆群聚效应的临界点。

在中国，越来越多的女性也在经历着衣物共享理念的洗礼。相信每个女生都有这样的经历，在爆满臃肿的衣橱前踌躇许久，依旧难以挑到自己满意的，“永远少一件衣服”的魔咒似乎是每个女性的着装痛点。在共享经济大潮下，一款以“通勤时装月租”为定位的“魔法衣橱”APP 成为众多年轻女性的应用新宠。

通过对数千名都市年轻女性的调研，魔法衣橱的团队发现，年轻女性的通勤服装大多购自于一些快时尚时装品牌，虽然款式新颖，但往往穿几次就过季。如今职场女性“每天穿衣不重样”在某种程度上已成为硬杠杠的需求，时装也日渐成为一季性消费品，去年夏天买的那件连衣裙，哪怕吊牌都还没摘下，或许已经穿不出去了。这款提供时装月租服务的魔法衣橱不限件数，不限时间，并宣称让用户“可能这辈子都不用再买衣服穿了”。

2016 年 4 月份，另一个女性衣橱共享平台“衣二三”宣布完成数千万美元 A + 轮融资，由 IDG 资本领投，真格基金、清流资本、金沙江创投跟投。当共享经济的席卷各行各业的时候，衣食住行作为与我们生活最密不可分的领域被率先改变。从资本的角度看，在布局共享经济的过程中，金沙江创投朱啸虎和滴滴天使投资人王刚在衣食住行的“衣”领域，看到了衣二三所代表的租衣模式的巨大想象力。

食：谁在喊你回家吃饭

说到食物共享，无论在欧美还是在亚洲，都是不允许没有餐厅许可证的家庭烹制的食物收费的，并且出售或者共享自己家庭烹制的食物在很多人看来似乎也十分滑稽可笑。谁会愿意尝试陌生人家里的饭菜呢？但是食物共享恰恰是人类最早期的共享行为之一，原始社会的狩猎时期，由于人类自身的能力和工具相对有限，食物的采集和分配通常都是集体性的行为，直到“二战”之前，很多国家和地区的食物共享行为还随处可见。1900 年的美国人，只有 2% 的时间不在集体公社里用餐。但是城市化把我们从农业时代的开放的村落聚集在钢筋水泥混凝土构建的封闭房间里，从此之后大部分人都再也叫不出邻居的姓名，甚至根本不知道隔壁住的是男是女是老是幼。改革开放之前的中国，城市居民以工厂为主要社交单位，农村居民以生产队为主要社交单位，食物的共享行为也随处可见，直到今天，在广大的中国农村，去邻居家里吃饭都是常见的现象。但是在人口密集的大城市，我们已经不再共享食物了。

今天，随着越来越多的年轻人不再自己下厨房做饭，订外卖成了家常便饭。最典型的就是贴遍了中国大中城市楼宇电梯的那一句广告词：饿了别叫妈，叫饿了么。但是几乎所有吃外卖的用户，都开始怀念小时候妈妈做的饭菜。毕竟，外卖永远都不可能吃出家的味道。把握住这样一个社会心理和消费需求，餐饮共享的平台逐渐出现了。有一家名叫 Cookisto 的私家菜共享平台，将目标瞄准了替代快餐和外卖的焦点上，厨师们会用家常做法，将人们预约的食物快速做好，甚至可以上门服务，而共享平台则只收取相当于饭菜价格 15% 的费用。

在欧美，越来越多的国家出现类似的软件，食物分享已成为一种趋势。早在2004年，意大利就出现了一家名为HomeFood的食物共享网站，游客可以通过这家网站以50欧元的价格预订当地居民在自己家中做的可口饭菜。“有些人感到震惊，认为这样的事完全无法接受，但有些人喜欢它，还有人质疑这件事是不是真的。”美国食物分享软件Leftoverswap的联合创始人丹·纽曼说，“食物分享真实存在。”建立食物分享平台的初衷各不相同，“我想制作一个应用程序，让我看到别人在厨房里做什么，他们在吃什么，然后想办法和他们建立某种联系”。Piqniq的联合创始人塔马斯·基斯说。另一个原因是为了杜绝浪费。瑞典the local网站称，一些发达国家的食物浪费率高达40%，每个德国人每年要扔掉80公斤的食物，英国人则会扔掉所买食物的20%。在德国，食物垃圾已是热门话题，共享食物的应用软件和网站也同时蓬勃发展。慕尼黑“食物分享”网站的协调员芭芭拉·马赫特说：“食物垃圾和分享经济是个绝妙的组合。”

事实上，尽管在家做饭比在餐馆吃饭便宜很多，但是人们选择食物共享除了节约货币之外，更重要的一个因素是出于社交体验的需求。以食物共享为契机，我们不仅能够与其他家庭、有着相同兴趣爱好的朋友或者同行的游客等各种类型的陌生人进行交流收获友谊，甚至我们还能够见到为我们准备可口饭菜的厨师。共享平台Feastly网站的用户分享说，见到为自己做饭的厨师并与他们攀谈，就像见到你所住的楼房的建筑师或者你所穿的时装的设计师那样，拥有这段经历简直太宝贵了。

在中国，7 月 17 日因为谐音“吃一吃”，而被网友命名为“回家吃饭日”。尽管很多人对于网友这种利用谐音人为造节的现象很不感冒，但“回家吃饭日”却得到大多数人的赞同与支持。网友号召不管你平时有多忙，在 7 月 17 日这一天，都尽量不加班、不应酬，回家吃饭。很显然，我们之所以要倡导回家吃饭，不仅仅只是为了吃饭，也不仅仅只是为了品尝到“妈妈做的菜”，而是为了唤起网友对家庭、亲情的重视，倡导现代人给予家人、父母更多的关注与关心。

但是如前所述，回家吃饭日在一个侧面恰恰体现了人们亲自做饭、回家吃饭的次数越来越少了。“回家吃饭”则瞄准了这个市场，打造了一个基于地理定位、共享身边美食的 O2O 平台，致力于挖掘厨艺达人，以配送、上门自取等多种方式，为忙碌的上班族、不愿下厨的年轻人提供安心可口的家常菜。解决对健康饮食的需求与富余生产力的对接问题，创造一种全新的生活方式。它提供的饭菜服务包括了①优质油米：从中粮或超市采购，这些家厨都不知道在哪里可以买到地沟油好嘛；②健康食材：新鲜的食材当日采购，精心择洗，更有家乡寄来最地道的食材；③小锅烹制：家里小锅小灶，为家人下厨时顺便为你多做一份，充满人情味，暖胃又暖心；④家厨外送：你的菜可能是热情大妈、深邃大叔、邻家美厨娘，甚至是韩国欧巴做的，还可能亲自给你送餐哦。

当然，比起衣物共享，食物共享行为存在的风险相对更高一些。也正是基于此，各国政府对这种行为的监管也格外重视。例如，2016 年 7 月，中国国家食药监总局发布《网络食品安全违法行为查处办法》，正式将网络食品交易平台纳入监管范畴，并出台了具体的监管细则，其中明确规定："通过第三方平台进行交易的食品生产经营者应当在其经营活动主页面显著位置公示其食品生产经营许可证。通过自建网站交易的食品生产经营者应当在其网站首页显著位置公示营业执照、食品生产经营许可证。"当然也有人提出：同是共享经济的产物，为何"回家吃饭"与"滴滴"命运迥异？怎样保证共享食品的安全问题，是食物共享平台必须重点着力的地方，只有做好了安全保障，才有可能获得更加长足的发展。

住：住陌生人家是一种什么体验

那是 2007 年的深秋，Brian 和他的同窗好友兼 Airbnb 联合创始人之一 Joe Gebbia 已经失业多时了。可是屋漏偏逢连夜雨、船行又遇打头风，他们正算计着手里还有几个毛票，包租婆又来催租子。两个大老爷们儿经历了失业和创业失败，心灰意冷，只好跑出去喝酒撸串儿消愁。酒过三巡，Brian 说："要是有人帮咱付房租就好了!”两个人一愣，随即一拍大腿，对呀，找人来交房租呀。那时候，城里正举办一个大型的商品展览，很多慕名而来的参展商和游客都租不到称心的旅馆房间。他们决定把客厅腾出来给游客住，再用游客交的住宿费来交房租。说干就干，Gebbia从壁橱里拉出了几个被束之高阁的充气床垫儿，Brian在当地网站上发出了招租广告。就在那个周末，三个前来参展的年轻人成功入住他们的客厅，这个月的房租就此有了着落。捞了第一桶金，他们的“生意”越做越大。几个月后，他们共同的工程师朋友Nathan Blecharczyk也前来寻求合作。这样，Airbnb有了最初的雏形。网站最初的域名为Airbedandbreakfast. com（后改为更为简约的airbnb. com），主要是为房东和旅行者提供线上交易平台。后面的故事，我们所有的读者几乎都非常清楚了，这里就不再赘述。

Airbnb的另外一个创始人Joe Gebbia曾经这么描述共享经济模式:“人们感受到了自身的经济能量，他们都不知道凭借自己能如此自由快乐。”Airbnb通过让人们以自己的方式做想做之事，而不是他们被指派去做的事情，这让人们感受到了快乐和自由的喜悦。这样，借助这个平台，上千个企业和个人都为自己创造了机会，而不再由公司或者老板来给他们评判谁才是好员工，应该获得多少工资。这种人人共享的住宿模式不断给现存的酒店模式带来了巨大的压力，因为它正在以前所未有的广度和深度更新着那些传统企业参与市场竞争的旧有方法。在共享经济面前，旧方式失效了，因为 Airbnb 更多地体现了人人参与的社群力量，一个充满活力的社群或者平台会使每个成员体会到自己的重要性，使他们乐于参与其中，并在提供宝贵的反馈意见的同时，不断吸引新成员加入。试想一下，每当人们度假回家后，都会向朋友讲起自己在 Airbnb 的住宿体验，这样很快就会在城市之间形成一个对 Airbnb 品牌的宣传网络。如今，Airbnb 的估值应超过 100 亿美元，三位合伙创始人各持有 15% 的股份，他们已经成功跻身共享经济领域的首批亿万富翁的行列。

其实，除了外出旅游或者商务的民居或者酒店可以共享之外，我们手中持有的最宝贵的资产——房地产也完全可以实现共享。正如在前面的章节之中我们提到过的，中国的房地产过剩现象和海景房无人居住现象那样，这些问题也都可以通过共享经济的思维来实现资源的更优化配置。在美国，一栋避暑别墅每年的成本超过 10 万美元，包括房贷、维修以及保险等，但业主每年真正来这里居住的时间只有 17 天。这就意味着每空置一天的成本就约合 6000 美元。

HomeAway 是一家成立于 2004 年的提供假日房屋租赁在线服务网站，总部位于美国德克萨斯州奥斯汀。短短几年时间，HomeAway 经过一系列收购和战略扩展，目前已经发展成为全球最大的假日房屋租赁在线服务提供商。该公司目前在全球 190 个国家拥有超过 50 万个假日租赁房源。简单来说，HomeAway 是利用互联网 C2C（Consumer To Consumer）起到类似资源整合的中介作用，将房东闲置度假屋的信息摆到线上，以供需要出行旅游的人选择住宿，而提供房源的房东或地产经理人将相应地获得部分收入。虽然 HomeAway 的页面与一般预订酒店的网站差异不大，但其特色在于，HomeAway 上列出的全都是公寓或私人度假屋，几乎全部都有厨房和全套家居设备，有些甚至带有花园和游泳池。HomeAway 提倡让人们出行途中也能享受到家的舒适，而且由于动用的是闲置房源，因此除了更私人、房屋空间更大以外，每天的房屋租赁价会比同等类型的酒店房间便宜。

如果说 Airbnb 是一个仅仅提供短租信息交换的平台，属于轻模式，造成了其后续服务的薄弱，那么，中国本土快速发展的共享平台住百家为了解决这个问题则采取了一种重模式。住百家在一线配备大量的一线员工，通过线上数据分析比对、电话和视频面试、线下实地考察等模式，对房屋进行筛选，以确保房屋质量；对用户提供诸多后续的咨询服务，在用户住宿遇到问题时能及时出面解决。但这种重模式在成为住百家的一个特色的同时，也为其发展带了许多困难。例如，在其快速发展的同时，大量的一线员工会带来巨大的资金压力，阻碍其拓展速度，住百家想扩展经营城市，就必须做好许多前期工作，例如员工的培训、房屋的筛选等等。

而如果 Airbnb 是淘宝，那么另外一家共享平台途家就是京东。途家本身是房地产开发商，在接手房屋后，途家对其统一装修、统一运营、统一管理。途家因为自身房地产背景，往往能够在一个小区拿到几十甚至上百家房源。而途家的房产主要位于旅游风景区，便利的条件、周围有优美的风景和旅游景区高质量的房屋对用户产生了很大的吸引力。如果与 Airbnb 作比较，Airbnb 采取的是 C2C 的交易平台，网站并没有自己的产品，只为房屋租赁搭建一个交易平台。这样一来，在 Airbnb 上展出的房屋是不固定的、风格各异的。与 Airbnb 不同的是，途家采取自营模式，对自己旗下的房屋进行统一装修，使其风格统一。

据统计，在中国市场的短租共享平台企业中，途家的房源数量为 42 万套，蚂蚁短租的房源数量为 30 万套，小猪短租有 8 万套，Airbnb 有 3 万套。无论国内外市场竞争状况怎样，我们能够发现愿意使用这些共享平台的用户，无论供给方还是需求方，绝大多数并不仅仅为了赚钱或者省钱，他们更希望有一个更加真实的旅游体验，而这是他们无法从一般的经济型酒店或者豪华型酒店中获得的。换句话说，这些共享平台提供的本质服务并不是住宿服务，而是生活体验，由于这种体验是纯个性化的私人订制，因此，很多时候它并不是花钱就可以买到的。这也是共享经济在今天大行其道的重要法宝所在——提供体验服务，而不是商品消费。

行：换种更绿色的出行方式

除了房地产之外，对于我们大部分人来说，最大的投资就是购买汽车了。而相比房地产，汽车的闲置产能就更大了，因此，共享经济在汽车领域的发展潜力也就相应的更大了。这也是一个有关共享便利性的问题：如果地产共享的吸引力是节约加体验，那么汽车共享的吸引力就是节约加便利加环保加时尚。各种手续以及保养汽车所带来的麻烦，使得人们对独自拥有一辆汽车的兴趣极大地降低了。

Zipcar 是以“汽车共享”为理念的美国网上租车公司。它的创始人蔡斯女士说：“每天我都在努力去发现并建构一个我愿意生存的世界。从一开始我就认为，Zipcar 是一家以不同的方式来思考商业的公司，商业世界中关于信任、责任以及合作的假定都被改变了。”Zipcar 能够良好运转下去是基于以下三个基本理论。

Zipcar 的理论一：出于经济方面的考虑，与拥有一部车相比，人们更希望能“分享”一部车；

Zipcar 的理论二：一个可以将互联网和无线技术连接起来的科技平台让分享变得更容易；

Zipcar 的理论三：公司相信用户可以在不受监管的情况下取车、还车、加满油，并在使用完毕后带走车上的垃圾。

基于这样的理论，Zipcar 相信科技能够将分享转变为一种无缝和快速交易的方式，人们选择 Zipcar 是因为分享是更为明智、更为经济的选择，而 Zipcar 也逐渐成为节约、聪明、有趣、灵活、绿色、方便和可靠的代名词。在其网站上，还设有专门的储蓄计算器，使得用户能够在燃油、保险、维修、公路税、汽车保险以及停车等方面节省了大量开支。专门的 Zipcar 的目标是将租车变得更加简单易行，就像人们从 ATM 机取钱那样简单，用户可以在任何时间只需数秒就能完成预约和对车解锁，用户和车之间并不存在任何障碍。

合乘一辆车或者说拼车模式也在成为 21 世纪新型的搭便车现象：线上运行、更安全，并且由社交网络支持发展。现代生活的大多数情况下，旅游或者出行不再像原来社会那样搭伴而行，不再是社交性的了，社会进步在很大程度上结束了去一个地方要花很长时间的现象，但也极大减少了人们在旅途中结识朋友、收获友谊的机会。随着新技术的发展，私人汽车现在正在越来越成为公众性、社会性的交通工具。英国拼车共享平台 Gocarshare 的口号是“结伴出行路更宽”，而打车应用 Lyft 的口号则是“有车在手，交个朋友”。

另一款全球即时用车软件 Uber（优步）旨在为大家带来更安全舒适的出行方式，让城市更方便快捷，而且在一定程度上缓解了城市交通拥堵的现象。目前它已覆盖全球 70 个国家，400 多个城市。值得一提的是，Uber 在共享出行领域率先开启了动态定价的模式。在 2012 年初，Uber 位于波士顿的研究组发现，每到周五和周六凌晨 1 点左右，会出现大量的“未满足需求”。导致这种现象的原因是，在这个时段，大部分司机登出 Uber 系统，准备收工回家，而恰恰这会儿在 party 上嗨完的人刚刚准备回家。这就造成了瞬间的供需不平衡，在最需要用车的时候却叫不到车，用户的抱怨与日俱增。于是他们有个方案：在高峰期（午夜到凌晨三点）适当提高每次乘坐的单价，看是否有司机响应。仅仅两周后，他们就得到了非常好的反馈，在该时段的提价，使得出租车的供应量增加了 70% ~80% ，几乎满足了三分之二的“未满足需求”，绝对是个重大突破。看来在该领域，供应量的弹性非常大，在市场价格调高后，司机确实更有动力守候在午夜时分。

在汽车共享逐渐盛行的同时，有人也把目光瞄准了车位共享的生意。Justpark 就是一个车位共享平台，它的目标很简单，就是使业主能够共享他们的车位。在互联网出现之前，倘若运动场附近碰巧有一个理想的车位，有些人甚至会站在他们的车道上手里举着出租车位的牌子。事实上，车位共享以及其他的共享应用软件正在将由一个个独立个体构成的城市变为一个城市大网络。“私家车位”是中国的一款车位共享软件。用户注册后，点击“我要停车”，到达目的地楼盘后，设置预估停车时间，“私家车位”会自动匹配车位号给用户，成功 15 分钟后开始计费（即前

15 分钟停车免费），同时“私家车位”会以短信的形式提示用户车位号和指定停车位置，点击“进场凭证”，此时保安会登记信息，包括用户车牌号和进场时间，验证用户动态进场凭证，放行后便可以进行停车，但不提供预定功能。离开时，用户需要点击“离场凭证”给保安看，保安检查登记信息，核对车牌号、登记离场时间，离场后点击“结束停车”（停止计费），进行支付宝或微信支付，再做物业服务态度和车位情况的评价。

在中国，滴滴打车在高峰期，一分钟要匹配 200 万次的需求。滴滴目前每天连续上传的定位数据是 50 亿次，这在任何国家都不会见到。今天中国用户的出行需求多样化，希望能提供一个全系列的解决方案，通过大数据匹配，用共享经济模式解决中国人出行难。而当滴滴旗下顺风车业务于 2015 年 6 月 1 日上线后，它作为滴滴平台上唯一的一个 C2C（个人与个人）业务，仅三个多月就累计注册了 550 万顺风车主、使用过的乘客达到 840 万，单日最高订单量达 223 万，“出行共享”真正让人们看到了共享经济的美好面貌和社会价值。

一直以来，中国的交通领域是一个较封闭的系统，人们真正可以选择的出行工具很有限，而公交、地铁和出租车的运力，又无法满足人们的出行需求。共享经济模式的出现，某种程度上打破了以往的僵化局面，虽然看似与传统体系产生了不小的冲突，但本质上不是政策的冲突，而更多的是观念冲突。事实上，互联网在交通领域实现的技术突破，与过去10年相比没有本质改变，都是基于搜索、大数据挖掘的垂直分类信息的匹配。共享经济在中国乃至全世界的发展，本质上并没有多少新的技术门槛，只是在技术应用的场景上发生了变化。而由于应用场景的变化，使得互联网在交通领域爆发了更大的价值。

此外，船艇的闲置产能可能是所有交通工具中最多的一个，它95%的时间都停靠在岸边，在水面上漂浮着，却要投入昂贵的成本，比如保险费、维修费和港务费。数据显示，美国的1700万艘船艇每年花费船主们大约80亿美元的费用。此外还有私人飞机，其闲置率也非常高。目前，BoatBound以及WheelsUp等平台已经在开发这些交通领域的闲置产能。

用：从实物到信息的共享空间

除了衣食住行之外，任何可以被共享的事物——玩具、时间、思想、知识等等，都可以在适当的条件和适当的回报下被共享。任何可以被共享的都能够以上百种我们今天尚未实现的方式被更好、更快、更便利、更长久地共享。在我们今天经历的这个共享经济时代，将从未被共享过的东西进行共享，或者以一种新的方式来共享，是事物增值的最可靠的方式。甚至当我们的失败或者教训也以同样的方式进行共享时，我们将会学习得更快，工

案例：优先美的理发革命

优先美是一个基于 SaaS，深度服务美发从业者与用户，用互联网为行业带来变革的美发工作平台，通过互联网技术优化行业效率/成本/用户体验。该公司为美发店提供一套美发全场晾 SaaS 系统，支持新顾客拓展、老顾客维护、员工管理、在线预约管理、在线收银与店务诊断等功能，提升美发店的运营和管理效率，把美发店装进手机里，让美发店多一个推广渠道。SaaS 系统和 C 端顾客打通，智能算法推荐周边口碑更好发型师和靠普美发店，还可以实时获取门店优惠，了解发型师排队情况，合理安排时间到店，减少等待。市场证明，全互联网运营美发店比传统美发店老客户转介绍提升 30%以上，顾客的再次消费提升 20%以上，用户体验大大提升。

作得更好。下面我们来看看，还有哪些领域可以以什么样的新方式来实现共享。

Scoot 被称作“小型摩托车界的 Zipcar”，致力于在旧金山地区提供电动摩托车租赁服务。一开始它只有 10 辆摩托车，后来逐渐扩大。Scoot 租赁费用为每小时 5 美元，租一晚次日早上归还也是收费 5 美元。它还提供两种包月套餐，每月 29 美元的面向需求较大的用户，每月 5 美元的面向偶尔需要短程出行的用户。该初创公司自称是“旧金山最方便、最快速、最便宜的交通工具”。

TaskRabbit 允许用户雇佣其他人去做一些奇怪的工作，允许那些需要额外收入的人尽可能填满自己的空闲时间以接受临时工作，从组装宜家家具、擦地板到复印材料和装饰派对等。

DogVacay 是一个宠物短期寄养平台，专为需要出门的人提供狗狗寄养对接服务。DogVacay 是由著名的微型孵化器 Science 推出的，创始人是一对夫妇——Aaron Hirschhorn 和 Karine Nissim Hirschhorn。他们创建这家公司的灵感，是因为想在他们出去旅行的时候，为自己的狗狗找一个真正舒服的家。

oDesk. com 可能算不上国外最流行的外包平台，却是悬赏机制和信誉评价系统最严谨和最具有自身特色的外包网站之一。oDesk 为程序员等自由职业者和外包服务买家之间提供了一个良好的共享平台，同时还在 Freelancer 和雇主相互交流和了解方面提供了便利；Wikipedia 上的简介中提到 oDesk 的 o 就是 no 的意思，no desk 就是提供一个不论何时何地都能远端合作开发项目的平台。在旧金山召开的第三届 Web 2.0 大会上，oDesk 被选为 13 家发展前景最被看好的新兴 Web 2.0 公司之一。

Waze 是一个免费应用，可在苹果的设备以及基于谷歌 Android 移动操作系统和微软的 WindowsPhone 的设备上运行，目前其用户已遍及全球约 190 个国家。Waze 利用移动设备的 GPS 信息来获取有关路面交通流量的信息，从而向汽车驾驶员提供更好的行车路线。

Skillshare 既可以让每一个人成为老师，也可以使每个人变成学生。这家位于纽约的创业公司创立于 2011 年 4 月，在这个平台上，每个人都可以向那些感兴趣的学生教授自己的技能知识。不管是健身达人、星座达人、职场达人还是厨房达人，都可以在 skillshare 上开设一门课程给感兴趣的人授课，顺便赚取一些授课费。感兴趣的用户可以通过 Skillshare 平台参加所开设的课程。

2016 年 5 月，果壳网旗下在行在微信公众号上低调上线了一款付费语音问答新产品——分答。用户在分答平台上可以自我介绍或描述擅长的领域，设置付费问答的价格，其他用户感兴趣就可以付费向其提问，对方用 60 秒的时长来回答。问答环节结束后，“游客”若感兴趣，可以继续花钱收听，所付的钱将由提问者和回答者平分。之前人们只在电视机前消费，而后具有丰富知识储备的人们通过互联网进行分享和创造，于是有了知乎、百科。如今知识共享平台实现了更多行家的专业知识、技能、经验等在盈余时间里被利用，并直接兑现。这比在知乎等舞台上免费卖艺来得更加猛烈，因为这既让人们更加重视专业知识，又通过付费对信息和用户进行了筛选，因为真正愿意付费的“知识索取者”才是有黏性的核心用户，真正有价值的知识不会永远只是免费供应。

事实上，除了这些应用之外，共享模式的案例已经在各个领域遍地开花。英国哲学家罗素曾经说过，使我们无法自由和高尚地活着的最主要原因是对财富的迷恋。现代人在拥有充裕物质财富的同时，非但不自由，反而肩负着重重压力与艰辛的工作。现在，越来越多的人不愿意将物品独自占有。新的地位象征不是看你拥有什么，而是看你是否有舍弃一些东西的自知之明。使用胜过拥有，越来越多的年轻人开始喜欢在理想的、有序的、共享的生活中追求苹果公司的设计理念——简单。人人共享组织将改变我们对于经济形态、自身工作方式和生活方式的认识，同时将挑战传统的商业力量，帮助我们解决诸如资源浪费和环境污染等各种各样棘手的社会问题。在这个意义上，共享经济的践行者们和企业们是在进行一场意义深刻的资源革命，它将从根本上颠覆传统的资源理念和价值观念。

第五章
共享经济的四大模式与四大基础

在前面的章节中我们看到了共享经济的诸多案例，这些案例中，有的是衣食住行的共享行为，有的是知识技能的共享行为，有的是资金资本的共享行为，还有的是信息数据的共享行为。这些案例很多已经广为人知，比如滴滴、优步、Zipcar、Airbnb 等，但是更多的案例尚处在萌芽阶段，它们都有一个典型的特征就是发展速度非常迅猛。虽然应用共享模式的这些企业案例在规模、发展速度以及未来前景上各不相同，但是基本上都可以归类为以下四种模式：产品服务化模式、数字内容产消模式、市场再分配模式和协同生活模式。当然，这种类型上的划分并不是绝对的，它只是提供一种有价值的参考借鉴，聪明的读者会发现，有些企业既可以归为数字化产消模式，也可以归为协同生活模式。这很正常，因为共享经济本身激励着越来越多的参与者以各种各样的方式去践行着它的共享理念。接下来我们详细讨论一下这几种共享模式。

产品服务化模式

2009 年，英国的劳里·杨出在其畅销书《从产品到服务》中提出了全球经济和企业正在从产品模式向服务经济转型的理念。作者以极为务实的方式向读者描述了变革的原因和方法论。在工业经济时代里，我们的顾客驱动着新服务经济的发展，那些无视顾客需求的企业将被市场无情地抛弃。这本书集中论述的是在过去 20 年间由产品制造转向服务供给的企业经历，这里所论及的企业多数都是西方企业，它们包括一些世界顶级公司（诸如爱立信、诺基亚、IBM、优利系统公司和通用电气公司）。多数向服务转型的企业，其动因都是急迫且来自内部的。从产品向服务转型的动因可能来自其核心产品市场已经达到饱和，或者是由于随着顾客变得逐渐成熟，他们对企业提出了新的产品标准或服务支持。而在某些情况下，这种转型却仅仅是由受教育人口和城市人口数量不断增多的社会变化所引起的。随着人们变得越来越富有，他们越发倾向于增加在教育、健康、娱乐和餐饮服务等方面的开支。这种趋势引发了市场对于服务的爆炸式需求，进而成为成功企业竞相开拓的新经济增长点。

这本书出版的时间，正值次贷危机和欧债危机引发了全球经济新一轮下行周期的时点，其从产品经济向服务经济的理念为陷于困顿的全球经济指出了一条复苏之路。而事实上，共享经济的模式也恰恰就是在被这段时期内被广泛传播和接受的。大部分早期的关于“共享经济”的英文资料都会算一笔这样的账，“迈克”或者“琳达”，因为经济危机而收入减少，通过出租他们的房间，贴补了多少家用，以至于他们觉得为客人准备早餐是个不错的兼职。无论是偶然的巧合还是历史的必然，共享经济和服务经济的理念相伴而行并逐渐地渗透到了全球经济转型的整个进程中去。事实上，前面的章节我们也已经提到过，共享经济的一个非常重要的特征就是使用权胜过拥有权，这也将势必导致企业的商业模式从产品模式向服务模式转型。

凯文·凯利预测说，在未来的三十年里，有形的物品都会成为服务，不再会是产品。而在无形的数字领域中，没有任何静态的东西，也没有一成不变的事物。所有的一切，都在成为其他。他认为，永无休止的变化是一切人造之物的命运。我们正在从一个静态的名词世界前往一个流动的动词世界。举例而言，作为世界上最大的运输服务公司，Uber 旗下没有出租车；作为世界上最大的内容网站，Facebook 也不拥有内容；作为世界上最大的电子商务服务商，阿里巴巴并没有任何的仓储。这就是典型的产品服务化模式，在当今这个时代，访问权优于所有权。

用户们也是如此，他们可以不用购买电影，在 Netflix 上面想看什么电影就看什么电影，想什么时候看就什么时候看；可以不用买歌，而在 Spotify 上在线收听；他们也可以不用购买一所房子，而是在 Aibnb 上面找到他们随时随地随心可以租赁的个性化房子——只要能访问到这些资源，你是否拥有它已经不再重要。这种颠覆了传统经济私人产权思维的产品服务化共享模式对于用户而言，它带来的好处将是双重的：第一，用户不再需要花钱购买很多物品的所有权，这在很大程度上降低了拥有一件产品的额外负担，用户可以将节省下来的养护费用、维修费用或者保险费用用于别的花销支出；第二，用户与产品的关系将从归属关系变成使用关系，产品只是满足某种需求的一个选择，它可能只是为了满足吃喝玩乐的某种需要而已，用户将可以从共享平台那里以较低的成本获得这些产品的使用权，共享经济平台将提供有关用户所需产品的各项服务。

从某些方面来讲，产品服务化的共享模式就是按需经济，这将会在未来衍生出各行各业的 Uber：在需要用到什么的时候，无须购买，就能马上用上需要的东西。这里面的关键就是将产品变成服务。实体的东西是很难分享的，但是一项服务却能够很轻易地分享出去。Uber 正是将汽车变成了服务。未来也是如此，产品将被转变为服务并分享出去。

数字化产消模式

在数字文化中，我们能够更好地发现并理解在线的各种共享行为模式。维基百科仅是这一新兴集体主义中一个较为突出的例子。此外，类似 Digg、StumbleUpon、Reddit、Pinterest 以及 Tumblr 这样的社交评论网站使得数以亿计的普通人可以到专家和朋友资源库那里查找照片、图画、新事物和新创意，然后大家一起对这些材料分级、评判、共享、转发、注解，并将这些材料重组到自己的数据流或资源库里。我们聚集在集体空间而非集体农场里；我们通过桌面工厂而非国有工厂与虚拟的合作社相连接；我们共享脚本和应用程序接口而非锄头与铁铲。对于社区管理来说，唯一重要的事情就是把事情做成。我们没有举国体制，但却有大众协同机制。

事实上，所有类型的维基都是共享主义的体现。维基是指通过协作而产生的文档集合，任何人都能方便地创建、增删或修改其中的文字内容。各式各样的维基引擎运行在不同的平台和操作系统上。沃德·坎宁安（Ward Cunningham）在 1994 年首次发明了协作式的网页，如今他追踪记录着将近 150 个维基引擎，而每个引擎都支持着数量众多的网站。“知识共享”（Creative Commons）这种利于共享的版权许可协议已被人们广泛接受，它鼓励人们准许他人合法地使用和改进自己的图像、文本或音乐，而无须额外许可。换句话说，内容的共享和摘取是新的默认模式。

我们把这种基于数字化内容的协同生产和消费模式成为共享经济的数字化产消模式，与其说它是一种共享行为，不如说它更像是一种态度、一类技术、一些工具，可以推进协作、共享、聚合、协调、灵活机构以及其他各种各样新兴的社会合作形式。它是前沿，也是创新的沃土。凡是被连接进网络的人都在通过全新的数字化产消模式集体运营着这个网络，这是一个没有人拥有，或者说每个人都拥有的网络。我们的贡献不会被售卖；我们的分享有着巨大的价值。

互联网是迄今为止人类最伟大的发明之一，它已经将全球数十亿人口连接到了在线的数字化共享网络之中，并通过鼓励内容共享来挖掘存在于互联网每一个节点上的过剩产能。哪怕最后只有一名用户受益，在网络中能够获得这样的过剩产能就是一个奇迹。这种奇迹，即在正确的时间找到正确的人，正在以我们无法想象的力量改变着经济、社会乃至政治。随着数字化产消模式的参与用户越来越多，我们能够快速获取到的信息、学习到的知识和联系到的人也会越来越多。这种找到合适人选的功能会具有越来越大的价值。这也就为线下的共享经济供需双方的匹配提供了强大的技术支持。而在线的数字化产消模式意味着第一，我们当中的每个人都可以去采集并加工世界上的信息、知识和内容，维基百科只是到目前为止最为人们津津乐道的数字化共享模式的一个案例罢了，未来我们将能够看到一个所有知识和技术的数字化内容的共享平台；第二，考虑到全球范围内人们面临问题的规模、范围和所在位置，每个人都可以是不同共享行为的正确人选，而共享经济当前正在做的事情就是，我们需要搭建一个数字化内容产销合一的平台为内容的生产者和消费者，或者供应者和需求者建立联系。

市场再分配模式

事实上，在互联网出现之前，人们所能接触到的人群分布在需求和兴趣点上都相差不多，这样就使得分享产品变得不太现实。即便真的产生了二手商品循环再利用的分享理念，通过线下精确找到需要这件物品的人也要花费大量的时间和精力。但是互联网的出现打破了传统社会无法逾越的时空界限，现在我们轻而易举就可以在线匹配海量的长尾供应和个性化需求，二手物品的流通已经在全球范围内变成一种广为接受的现象。

thredUP 是 2009 年在波士顿创立的一家提供二手服装交易的寄售平台网站，给不断成长的宝贝和不断需要换衣服的女同胞们提供一个二手衣物的寄售平台。用户只需在该网站上注册并写明家庭住址再付 13 美元邮费，网站就会免费寄一个袋子/箱子给你。你可以把想要寄售的衣服装进容器后，详细地描述每一个里面有什么并放在家门口，thredUP 就会派人把它们取走。该网站会对这些衣服进行估价，并放在网站上出售，平均每袋衣服 20 至 40 美元。你从头到尾要做的，就是待在家里等着感兴趣的人在网上买走。一旦售出成功，thredUP 会从中提取部分佣金，并将剩余部分通过 Paypal 返还给用户。

新加坡的 C2C 二手商品交易平台 Carousell 是一个社区，买卖双方可以关注他们最喜欢的用户，与朋友分享他们淘到的物品。每个用户还有自己的个人主页，用于展示他们打算销售的物品。Carousell 的用法十分简单：打开应用，给物品拍张照片，利用内置过滤器给它打扮一番，简单描述以后添加到列表即可。

“这个世界上没有垃圾，只有放错了地方的资源”，这是我们耳熟能详的一句话，也是共享经济的市场再分配模式赖以快速发展的重要基础。生活在现代的消费主义社会，很多人每天扔掉的自认为是垃圾的东西很可能恰恰是别人认为非常有价值的好东西。事实上，由于这种过度消费带来的我们处置很多消费品的不便已经在今天暴露无遗，维持我们所购买的任何一件商品在其生命周期内一直保持被使用状态而不是扔进垃圾箱的成本实在太高了。举个例子，很多年轻白领一时兴起就会买一台跑步机放在自己的客厅，但是大部分人会发现，除了刚刚放在客厅的那几天（甚至可能都不超过一个月）他们会坚持使用跑步机之外，在接下来的两三年内自己竟然只使用了三五次。但是，在北上广深这样的大城市，寸土寸金，人们却用高达十万元的两平方米的空间放置了一台几千块钱而且几乎不怎么用的跑步机。我们购买任何一件物品的成本不只是它的标签上显示出来的数字，还包括了我们的时间和精力、往返商场的交通费用、后期维护保有这些商品的费用等。类似于跑步机这样的例子数不胜数，很多人在迫不得已的情况下会选择直接扔掉或者以非常便宜的价格处理掉这些商品。

“闲鱼”是阿里巴巴旗下的“淘宝二手”在改版之后于2014年全新上线的二手交易平台。依托阿里平台，用户在选择心仪的二手物品后，可以直接通过支付宝付款，收到物品并满意后再确认付款。在阿里推出二手交易平台“闲鱼”之后，京东也创立了“拍拍二手”APP，承接京东商品的一键转卖。2015年年末，58赶集依托微信支付，正式上线推出C2C二手闲置交易平台“转转”。而在此之前，二手母婴用品早就成为妈妈们“入手”和“出手”的主要选择之一。公开的数据显示，在“闲鱼”上，每0.3秒就能卖出一件物品；而“转转”也宣称截止到2016年年初“已有超过300万真实个人加入转转，每日解救价值560万元的闲置宝贝”。

市场再分配模式带来的最明显的影响就是，促进每一件商品的循环利用，延长单个商品的生命周期，充分发挥商品的使用价值。即使重新分配这些二手物品也会产生诸如沟通成本或者运输成本，但是这个成本还是会远远低于生产全新的相同产品的成本。数据显示，每一个成品商品所包含的材料占整个生产过程消耗掉的总原料的5%，而且这个过程产生的工业垃圾占到了我们所制造的所有垃圾总量的98%。因此，最有效的减少资源浪费的方法就是减少新商品的购买量，从而进一步导致生产量的降低。我们可以也有能力尽可能地重新分配和重复利用我们已经购买过的这些物品。与其把还能使用的很多好东西当作垃圾扔进路边的垃圾桶，不如通过共享平台找到一个愿意接受你的二手物品的人。

协同生活模式

共享经济改变着经济领域的方方面面，甚至在不久的将来，我们对金融和货币的理解也将会发生重大的转变，当然这并不意味着货币不再重要甚至完全消失，而是说我们还会有更多诸如共享经济的模式来替代货币在社会中的一部分功能。所有的人都喜欢金钱，因为金钱可以做很多事情，但实际上金钱也只是我们获得想要的东西的某种中介或者货币而已。而这种基于货币关系的传统商业形式并不产生社会关系，交易的双方在各取所需完成交易之后就几乎不再有任何联系。但共享经济为我们提供了一种基于社会化网络媒介的协同生活方式，我们不但可以获得生活所需的物品，而且还能与更多的参与者建立起一种信任关系并产生持续的联系。

在共享经济大热的今天，你可以用闲置的1小时开Uber挣几十几百；也能把家里的空余房间收拾一下，放在Airbnb上增加收入；如果你刚好是某个领域的KOL，或者身怀什么技能，还可以成为行家，以每小时300~500元的价格出售自己的时间……但是，假如我没车、没房、没驾照，也没什么一技之长，有的只是点空闲时间，是不是就没法加入共享经济的游戏中呢?

TimeRepublik App是一个服务交换平台，与当前所有共享经济形态不同，在TimeRepublik中，提供或接受服务都不会产生金钱交易。这里的通行货币是时间，而不是金钱。举个例子：你在TimeRepublik接了个帮人遛狗1小时的单，任务完成后你的虚拟账户里就会被存入1小时。这1个小时你可以用来请律师咨询法律问题，也可以找个发型师帮你剪头发。TimeRepublik创造了一个叫“数字时间银行（Digital Time Wallet）”的概念。在TimeRepublik中每位用户都有个“时间银行”账户，每接一单服务，用户就可以把完成服务所花费的时间存入“时间银行”。当用户需要别人来服务自己时，可以在TimeRepublik上发布需求，服务完成后只需从“时间银行”里支付相应的时间即可。时间银行的概念让我想起了安德鲁·尼科尔执导，贾斯汀·汀布莱克、阿曼达·塞弗里德主演的科幻电影《时间规划局》。电影讲述了发生在虚构的未来世界里的故事，在那里，时间成为一种可以购买、存储的商品。而当前，协同生活的共享经济模式已经开始让我们意识到是时候好好规划我们的时间了。

在 2011 年，联合国的人口学家预测全球人口将在 2100 年突破 100 亿而不是此前他们预测的 90 亿，但是目前我们还不清楚如何让 100 亿人口过上发达国家人民那样的生活，唯一已知的前进道路就是经济增长。但是现实也已经残酷地向我们表明，过去那种依靠粗放消耗资源的经济增长方式已经达到了经济学家们所说的“增长的极限”，未来我们将要依靠什么样的引擎继续推动经济的增长呢？建立在共享理念基础之上的协同生活方式提供了一条可行的路径。重要的不是我们有多少人口，而是我们这些人口选择什么样的经济增长方式和生活方式。可以预见的是，在接下来的时间里，人类将要共享的清单还会继续增加，直到有一天我们共享了一切的所有。我们可以通过共享平台交换、租借、赠送的不仅仅是上述那些物品，我们还可以与别人分享一个沙发、一间办公室、一顿午餐、一些技能以及我们所拥有的知识、时间、创意、心情等等，这些有形的和无形的东西与我们的共享行为一同构成了风靡当前的协同生活方式。

亚当·诺伊曼和合伙人米格尔·麦凯维在 2010 年创立了 WeWork，它的商业模式看起来如此简单：租下各类办公空间，再以工位为单位分租给小型企业和创业者，并提供运营服务和管理。

WeWork 鼓励租客在开放空间下进行尽可能多的交流，因而整个办公空间有大量公共空间，无线网络、打印复印、咖啡等服务也免费提供。亚当·诺伊曼设想 WeWork 未来将拥有 100 栋自己的建筑，虽然今天只有两栋。他把公司看成是给房地产注入生命的“操作系统”，就像安卓让智能手机不仅仅是一块玻璃加金属块。随着开放空间增多和越来越多的会员加入 WeWork 网络，它将有能力提供运送、软件、信用卡、差旅、工资、金融和培训等服务。最终，WeWork 的会员将仅仅为了这些好处而加入，而不在乎实体办公空间。亚当·诺伊曼还设想由 WeWork 来代表企业管理办公室（减少单位员工办公面积），通过网络应用程序将连接企业和雇员。“房地产”，按照他的想法，“只是一个工具”。亚当·诺伊曼并不满足于仅仅重塑现代办公空间；他还想改变千禧一代对家的概念。他的新“共享生活”（co-living）住宅空间 Welive，就是基于对他们更重视使用而非拥有的假设，而这恰恰是共享经济所创造的协同生活模式的巨大魅力所在。

除了上述四大模式之外，如今，共享经济的更多创新模式正在涌现出来，并且逐步改变了越来越多企业和消费者的行为习惯，促进着经济的可持续发展。而事实上，共享模式并不是一种环保主义的道德绑架或者宣传口号，它是切切实实建立在满足每一个共享平台的参与者个人利益的基础之上的，如果共享行为能够给所有参与者都带来满足他们预期的回报，人们是会非常乐意参与到共享经济的大潮中发挥自我价值的。回顾前面提到的所有共享经济的案例，我们会发现，在个人利益被满足的前提下，它还必须拥有先进的技术平台、高效的人人参与机制、坚实的信任基础和超出预期的用户体验等四大基础。

技术平台

互联网的历史并不长，也就一代人的时间，但是却在过去20年里给全世界带来了翻天覆地的变化。在移动互联网的发展当中，乔布斯是最伟大的推动者。没有智能手机，就谈不上移动互联网，智能手机经过七八年的发展，今天已经是随处可见、随手可得的工具。正是移动智能手机的出现，才把共享经济迅速地推动起来。当移动终端握在个人手里的时候，人人共享的经济时代已经到来了。现在，我们已经看到，有些个人或者小型几个人的企业工作形态已经发生了改变。改变的前提是什么？是个人电脑所代表的PC互联网和移动智能手机所代表的移动互联网的出现，使技术达成了共享平台的可能。互联网技术的出现正在改变工业革命或者企业的运营模式，基于互联网和移动互联网技术的平台型企业由于其快速崛起而备受瞩目。

平台是共享经济的重要推动力。在共享经济发展的过程中，能让消费者手中物品的使用权流通起来的一个关键就是他得知道有谁需要这个东西，另一方需要知道能给我我想要的东西的这人手里那东西是符合我要求的，以及对于双方而言，他们该如何完成交易。这就是互联网技术平台能够起到关键作用的部分，让信息趋于对称，物品/服务的提供方能够知道他可以向谁提供服务来索取报酬，消费方也能够在大量信息中快速筛选出最满足他需求的一款，最终通过电子支付完成交易。缺少这种“专业匹配”的平台机构，点对点的服务很难想象可以规模化完成——偶尔给邻居搭个便车是可以的，把这个事当成稳固的也算可观的外快收入是不可能的。有了滴滴打车平台之后，这件事情就可以变得十分简单。

人人参与

这是一个鼓励分享、平台崛起的时代。靠单一产品赢得用户的时代已过去，如何铸造一个供更多合作伙伴共同创造、供用户自由选择的平台，才是互联网新时代从业者需要思考的问题。这也就意味着，在全新的共享平台上，人人参与成为成就这个平台的重要法则，这个新的共享经济时代，不再信奉传统的弱肉强食般的“丛林法则”，它更崇尚的是“天空法则”。所谓“天高任鸟飞”，所有的个体都在同一天空下，但生存的维度并不完全重合，麻雀有麻雀的天空，老鹰也有老鹰的天空。决定能否成功、有多大成功的，是自己发现需求、主动创造分享平台的能力。如果说 web1.0 带来了一种时髦的官方媒体，那么 web2.0 则是一个用户生成内容的时代，交互性和信息多元化创造了人人时代的来临。社会化网络和用户内容生成让每一个人都可以发出自己的声音，可以团结那些大多数沉默的个体创造出改变世界的力量。在共享经济时代，如今的每个个体都是创业者或者企业家，无论他们自己有没有意识到。无论在组织当中，你是创始人、股东，还是领工资的，都是独立的和差异化的。每个人每一天都是在独立地为自己工作，从这个角度而言，人人都是企业家。在共享经济时代来临以后，“让人人都是企业家”这句话变得更加浅显易懂。

一个有效的、简单的平台会释放优秀的个人能量，会让他的利益最大化。所有共享经济会把每一个人的才华、每一个人对这个社会的贡献放大到极致。人人共享的独特之处就在于通过平台来增强他们的力量，个人被赋予企业所拥有的力量。但很多情况下，他们的贡献能得到尊重。在共享平台上，用户将是内容的主导者、分享的提供者。每个用户的知识贡献、内容分享，是这个平台赖以成功、赖以繁荣的重要保障——越来越多的人使用廉价的工具，投入很少时间和金钱，就能在社会中开拓出足够的集体善意，创造出 5 年前没人能够想象的资源。在苹果的应用商店中，短短几年之间就涌现出超过 200 多万个应用，这在一个侧面表明了个体的多样性，如果说关于人类我们只知道一件事情的话，那就是我们彼此是各不相同的。正是因为这样，我们才需要鼓励更多的个体参与到共享经济和共享平台的建设过程中来。

信任基础

新的技术——无论是远古的石器工具还是当今的物联网技术——都是随着人类智力的发展而在社交层面发展起来的。人类经济增长的整体速度不仅取决于已知观点的汇集，还取决于可调配的创造性思维与智慧、它们相互作用的速度与效率、信任和相互尊重的水平。在共享经济中，信任是经济增长的一个重要润滑剂。你付出的越多，得到的信任也就会越多。这和过去市场经济中存在的情形完全不同。市场经济体制中，你的钱一旦花出去，几乎就是一去不复返了，货币或者金钱对于解决突发状况也是很奏效的。但是共享经济的信任基础却和市场经济的货币基础是两码事。在共享经济里，市场经济的商业模式仿佛已经退居其次，人与人的沟通、连接奠定了整个交易流程。从这一层面来看，当前的贸易仿佛回到了工业革命前——依赖人际关系和真实身份完成。新型的共享经济公司更能吸引思想开放、前卫的早期尝鲜者。全新的体系在让人耳目一新的同时，也带来了更加舒适的人际关系和交易体验。

19 世纪早期，共享行为是基于一种很亲密的信任感而成功的。但是伴随着20世纪的技术发展，大量的人向城市移民，信任感也曾丢失过，而对信任的代理机制则出现了。现在，我们借助互联网、现代化的设备和P2P经济，亲密的信任感又重新被修复了，并把陌生人重新联结在一起。信任的增加是靠在社区中流通实现的，例如滴滴打车的供需双方通过一次完美的乘车体验可以实现双方可信度的同时提升与净值增长。信任度在社区互动中积累的这种方式，注定它将会把人们更加紧密地联系到一起。事实上，无论是共享平台的组织者还是参与者，都必须牢记，在维护自身利益的同时，必须尽可能地从其他利益相关者的角度去考虑问题，尽量不给别人造成麻烦和利益损失。当然，这种信任基础是需要有安全保障的，只有保障各方参与者的利益安全，才有可能带来长足的信任。例如，2016年4月底，Uber上线人脸识别司机认证功能，7月初滴滴出行也上线“人像认证”，通过人脸识别技术对司机的身份信息进行确认，司机在接单前都需要刷脸，认证通过后才能开始接单。同时，滴滴强制要求司机及车主进行“三证验真”以保证司机和车主本人与身份证、驾驶证、车辆行驶证信息真实有效。Uber、滴滴正在借助先进的技术树立用户对平台的信任，越来越多的共享平台也正在通过各种各样的安全保障措施来增强平台各方的相互信任。在大多数情况下，这种基于安全和信任的思维方式将会为共享平台创造大量的价值，因为这样能够增加用户对平台的忠诚度和对各方的信任度，从而使得共享平台能够发展得更好，这样每个人也都将获得更长远的利益和价值。

用户体验

随着共享经济推动着产品模式向服务模式的转向，用户对平台组织者和价值供给者所提供的服务体验提出了更高的要求。现在很多有形商品的制造商都在将其商品文化化或体验化，这样就慢慢地给商品和服务添加了某种文化内涵以从而提升了这些商品和服务的体验价值，使其鲜活起来了。想想滴滴打车为什么能在短短时间内成为大城市年轻人出行工具的重要选项，就会发现消费者在消费商品、服务和文化的时候越来越注重体验感了。用户体验是什么？简单来说，它是一种纯主观的在用户使用一个产品（服务）的过程中建立起来的心理感受。用户是没有错的，如果用户在使用某物品的时候遇到麻烦，那是因为设计出了问题。《体验经济》一书认为，用户体验就是要做到超预期，让用户使用时超过他们对产品的预期（包括便捷、流畅、效率、速度、价值等）。互联网时代，你不重视用户的想法，用户可以选择点击屏幕右上角的“X”，或者放弃你的产品。这就是共享经济条件下，你所面对的环境，做产品，做设计，都是如履薄冰。

如果你曾使用 Airbnb 预订过地方，那么你会在这个过程中，逐步发现这个企业拥有着顶尖的产品设计团队。这个正在改变整个行业的企业，正在为用户提供着顺滑无缝的体验。Airbnb 用户体验设计主管凯蒂·迪尔（Katie Dill）表示，秘诀在于将线上参与和线下实体消费者参与结合起来。终极目标需在旅游品牌和消费者之间创造出一种强烈的情感和个人连接。Airbnb 的目标在于尽可能地建立起能够鼓舞和推动社区参与的系统，在放松管制的同时确保不让局面失控。“如果你考虑一下，你会发现正是独特的多样性使你的消费体验变得如此丰富，”迪尔说，“你想要利用多样性，并将其转变成为一种附加价值。共享经济就是线上和线下体验设计的一个极端案例。”鼓舞多样性社区的方法之一就是让社区中的成员提供详细的描述。这也就是为什么 Airbnb 鼓励房东尽可能多地提供照片和房屋细节来展示房屋的独特个性和创造精神——在这个过程中，也自然能够展现出品牌的独特性和创造精神。

实际上，今天越来越多的产业正在把共享思维和体验思维注入到产品和服务的提供过程中去，这将会带来一个不同于以往的全新产业形态。许多年轻的消费者认为，分享和体验不仅仅是他们作为互联网时代的创业者和生活者都应该遵循的原则，更重要的还在于这是一种生活方式的选择和一种文化调性的认同。

第六章

企业商业模式的变革与重构

共享经济将我们的闲置资产、自由时间和特殊才能汇聚在了一个全新的共享平台上，共同创造、协同消费，做更多有意义有价值的事情，构成了这个时代最大的机遇之一。谁能够改变自身的商业模式并充分利用这样一个千载难逢的机遇，谁就能够在未来社会的竞争中通过改变人们的行为方式而获取新的成功机会。

重新定义商业的未来

当前，全球已经有超过 40 亿的人口通过互联网被连接在了一起，这些人手中的闲置资产不计其数，他们所掌握的技能千姿百态，而将这些人可以自由支配的时间汇聚起来形成的克莱・舍基所说的认知盈余也高达数万亿小时。共享经济所改变的，并不仅仅是将这些散落在全球各个角落的闲置资产和认知盈余简单地相加，相反，它通过创造所有可能的连接形式创造了人与人、人与物、物与物之间高度互动的化学反应，所有这些闲置和盈余将属于我们所有人共有的，每个人都可以通过创新性思维来利用它们。全新的技术手段和工具赋予了我们全新的能力，从而创造出了利用它们的全新方式，继而又使我们能够为彼此创造新机会。我们为彼此创造更多机会，否则人人都不会有机会。

市场经济假定每个人都为了个人利益的最大化而参与到经济系统中来，从而构建起了以盈利为主要目标的商业模式。但是事实上，我们每个人在考虑到个人利益的时候，通常也会考虑别人的利益。

最后通牒博弈是一种由两名参与者进行的非零和博弈。在这种博弈中，一名提议者向另一名响应者提出一种分配资源的方案，如果响应者同意这一方案，则按照这种方案进行资源分配；如果不同意，则两人什么都得不到。按照理性人假设，只要提议者将少量资源分配给响应者，响应者就应该同意。因为这要比什么都得不到好。但实际进行的实验则表明，只有当给响应者分配足够的资源时，方案才能通过。独裁者博弈对最后通牒博弈进行了修改，取消响应者对提议者（分配者）所提要求的否决权，那么，这个分配者就可以被叫作“独裁者”。这种严格不平等条件下的谈判博弈被称为“独裁者博弈”。在这里，响应者没有拒绝的选择，主要是考察提议者（独裁者）如何分配。

很多人会想当然地认为独裁者会侵吞所有的资源。但是，不同条件下的反复试验显示，绝大多数独裁者不会侵吞所有资源，而是会分享出其中的一部分给响应者，平均为总资源数量的20%左右，即便此时响应者没有了否决的权利。这在很大程度上表明，人类基因的本质并不是彻彻底底的自私，人类具有同理心，从大脑的角度来看，付出比索取更有益。我们不仅仅想要实现自身的某种利益，也不仅仅是出于对自身长期利益的某种复杂计算或者理性评估才选择分享这种行为。事实上，分享是人类的一种天然冲动，一种本能，人类生来就具备。

我们经常会听见有人质疑——为什么在共享经济中人们愿意免费或者少收费而贡献自己的资源呢？这个问题的提出是建立在人类行为主要是出于个人自私利益或者纯粹经济目的的理论前提之上的，他们认为为钱办事才是合理的，免费或者少收费需要找出一种特别的解释。禁锢于这样的理论框架之中的人，没办法看清楚共享经济的意义和价值，也不能理解共享经济所创造的全新的商业形态和商业模式。这里的问题其实出在对这种分享行为的解释上，而不是行为本身，一旦跳出问为什么人们会愿意免费或者少收费这样的思维，转而探究这样做将产生什么样的巨大价值，整个内在的和非经济之外的激励便会成为答案的一部分而显现出来。

事实上，我们并不是一个个独立的个体，我们每一个人的福利与整个社会的福利息息相关，同理心和共享行为是社会交往的兴奋剂，也是集体福利的催化剂。因此，技术越进步，我们的社会生活越便利，大多数人也就会变得越无私，越乐意分享。能够不自觉地感知他人的痛苦是同理心最重要的基石，而这种能力也是每个人与生俱来的。正是因为我们具有同理心，我们才能感受到自己的分享行为能够给别人以及整个社会带来多大的福利，我们因为自身的贡献为社会带来的福利而感到心情愉快并获得某种满足感。

历史上的每一场经济变革，只有涉及财产权时，才变得货真价实起来。共享经济对传统产权观的革新和颠覆，也正是这一理念最具深刻性和革命性的地方。正如社会科学院信息化研究中心秘书长姜奇平先生指出的，共享经济是“互联网＋”的产权基础。这一理念的提出，标志着信息革命开始触及产权这个核心发动机。作为一种新型的经济形态和商业模式，共享经济是以公共网络平台为载体，实现不同个体间超越物理空间限制的交流和分享，从而达成彼此闲置资源的共享和优化利用的。作为一种新兴的商业模式，人们已经通过共享自己所拥有的物品，从汽车到电钻，甚至时间。《时代周刊》称之为“改变世界的十大创意之一”，如今，共享经济模式正大行其道，它不仅改变了人们的生活，还在重新定义商业模式。这种模式是在信息发达到一定程度之后，将闲置的资源、时间、技能等整合起来转化成为价值，让人们在获取金钱的同时得到提升和收获。

《哈佛商业评论》定义共享经济是产能过剩的商品和服务的共享，据全球知名会计师事务所普华永道（PWC）的一份消费者调查报告显示，2014 年共享经济规模已经排到全球行业经济的第五名，行业规模大约有 150 亿美元，预计到 2025 年，共享经济规模将会达到 3350 亿美元。PWC 对来自不同地区、不同年龄和收入的 1000 位美国人进行调查，了解他们对于共享经济的了解程度，有 44% 的美国成人熟悉这种协同消费的概念，57% 同意使用即拥有，80% 认为租用比购买好，其中很大一部分受访者表示会在未来两年内使用这类服务，在了解共享经济的受访者中，大约有八成认为这类服务降低了生活成本，提高了便利性，加强了小区内的联系。过去消费者习惯拥有大多数他们使用的东西，如今却有愈来愈多消费者乐于分享和租用而不必购买物品——共享经济已在今日世界生根并快速成长，共享经济从长远来看，是世界可持续发展采取的新兴的经济模式。从实体资源共享到虚拟资源共享，共享经济将切实有效地减少资源和能源的浪费，促进缓解环境压力，降低碳排放。在这个角度，共享经济也在颠覆着传统的粗放型的经济增长模式和生产消费模式。

超限竞争

中国著名军旅作家、军事理论家、评论家、空军少将、国防大学教授、国家安全政策研究委员会副秘书长乔良将军曾经写过一本著名的《超限战》，在这本书中，乔良将军说道："单声部引吭高歌的局面正在被多声部的大合唱所取代，技术的大融合正在不可逆转的导致全球化趋势的上升，而全球化的趋势又反过来加速了技术大融合的进程，这便是我们这个时代的基本特征。……利用金融工具去摧毁一国经济，这算不算一场战争？CNN 对美军士兵暴尸摩加迪沙街头的报道，是不是动摇了美国人充当世界宪兵的决心，从而改变了世界战略的格局？显然，从传统的战争的定义出发，已经无法对以上问题给出令人满意的答案。当我们突然意识到所有这些非战争行动都有可能就是未来战争的新的构成因素时，我们不得不对这种战争新模式进行一次新的命名：超越一切界限和限度的战争，简言之，超限战。"

事物相互区别的前提是界限的存在。在这个万物相依的世界上，界限只有相对意义。所谓超限，是指超越所有被称之为或是可以理解为界限的东西。不论它属于物质的，精神的或是技术的，因为对界限的超越就是对方法的超越。对超限战来说，不存在战场与非战场的区别。战争可以是军事性的，也可以是准军事或非军事性的；可以是职业军人之间的对抗，也可以是以平民或专家为主体的新生战力的对抗。

发生在全球战争格局层面的超限战现象，也同样发生在经济领域。最近经常听到特别震撼的一句话说，移动与联通竞争了这么多年之后才发现，原来腾讯才是自己的竞争对手。事实上，最彻底的竞争是跨界竞争，你认为收费的主营业务，一个跨界的进来，免费了，因为人家根本不靠这项业务赚钱，你美滋滋地活了好多年，结果到最后甚至都不知道自己怎么死的。跨界的，从来不是专业的，全部来自于另一个领域，神出鬼没，你都不知道他们是从哪里来的。跨界创新者以前所未有的迅猛，从一个领域进入另一个领域。门缝正在裂开，边界正在打开，传统的广告业、运输业、零售业、酒店业、服务业等，都可能被逐一击破。更便利、更关联、更全面的商业系统，正在逐一形成，世界开始先分后合，分的，是产业的竞争格局，合的，是产业竞争中新的商业模式。世界是平的，一切都在经历一个推倒重来的过程。

我们将这种打破技术边界、产业边界、价值边界、用户边界展开竞争的方式称为“超限竞争”，而围绕共享经济所建立起来的经营理念和商业模式恰恰就是这种超限竞争的典型表现。我们很难将滴滴打车界定为传统意义上的出租车公司，我们很难将小猪短租界定为传统意义上的商务酒店，我们很难将维基百科界定为传统意义上的百科全书。事实上，全新的共享模式与传统的商业模式由于其本质上存在着巨大的差异，因而，两者的竞争已经不在同一个赛道上了。当传统商业模式还停留在水泥路上开着货车加速前进的时候，共享模式已经搭乘最先进的磁悬浮列车超速运行了。

当我们运用共享经济的逻辑打破传统的产业界限、企业界限乃至渠道界限并进行重新勾勒和组合时，往往会发现很多新的机遇，最具创新性的企业就是通过跨界利用这些机遇，对原有的商业生态系统下的产业面貌进行改造的。消费者的习惯、企业内部的结构、商业销售的模式，都已经或正在被改写。就像那条微信说的："未来，酒吧还是酒吧吗？咖啡厅还喝咖啡吗？酒店就是用来睡觉的吗？餐厅就是用来吃饭的吗？美容业就靠折腾那张脸吗？肯德基可不可以变成青少年学习交流中心？银行等待的区域可以不可以变成新华书店？飞机机舱可不可能变成国际化的社交平台？你不敢共享，就有人跨界过来打劫！"因为共享经济的模式不是专属于任何一个个人、任何一家企业或者任何一个产业的。

恰恰相反，共享经济属于任何一个愿意利用它创造全新的产业业态和产业生态的个人和组织。在共享经济的催化下，产业竞争的界限正在变得模糊从而呈现出了产业融合加速发展的态势。产业融合是指不同产业或同一产业不同行业相互渗透、相互交叉，最终融合为一体，逐步形成新产业的动态发展过程。从经济内生动力层面说，共享经济在某种程度上推动了产业的融合创新发展，特别是传统产业创新，进而推进了产业结构的优化升级。由于产业融合容易发生在高技术产业、互联网产业与其他产业之间，产业融合过程中产生的新技术、新产品、新服务在客观上提高了消费者的需求层次，取代了某些传统的技术、产品或服务，造成这些产业市场需求逐渐萎缩；同时产业融合催生出的新技术应用于更多的传统产业部门，改变着传统产业的生产与服务方式，促使其产品与服务结构不断升级。而电商的跨界思维恰恰是由于其本身的创新性，可以通过多种方式促进产业融合的快速发展。

智能手机的普及仍在加速，无论是在全球还是中国范围内，人手一机的现象马上就要到来，每个人和每部手机都成为移动互联网产业的渠道，都成为共享经济要连接的节点。也正是因为这种连接，逐渐消弭了原来的界限，使得共享和跨界成为一种当前的时尚潮流，并造就了很多和传统商业企业不一样的机会。而更重要也更容易被人忽视的是，这种共享和跨界可能会改变整整一代人的生存、生活、生产、生意方式。

实际上，这种超限竞争与本书前面提到的范式转换在不同的角度反映了同一个问题，就是全新的网络连接技术给整个商业、经济、社会、文化乃至政治层面带来的巨大变革。在当前的中国，这种变革发生在“互联网＋”国家战略的语境之下，从而更加受到了各方的高度关注。技术经济范式转换意味着关键生产要素、通用技术体系以及建立在此基础之上的组织管理能力、产业运营思维和经济增长模式的整体性转换。新范式与旧范式之间虽然存在着某种程度的关联性甚至递进性。但是，新旧范式之间仍然存在着本质上的差异，而这种差异在根本上是由关键生产要素和通用技术体系决定的，这两方面由于其本身具有降低成本、无限供应、易于扩散和应用广泛等特征而对经济增长产生巨大且深远的影响，因此成为划分不同技术经济范式的重要依据。如果既有范式的关键生产要素和通用技术体系对降低成本、提高效率的作用已经达到某种临界点，这时候整个社会就会产生对新的技术经济范式的强烈需求，伴随着某种程度上的经济危机调整与技术突破创新的共存状态，新的技术经济范式得以确立，经济增长方式发生质变。这也就在本质上决定了超限竞争过程中的共享型商业模式和传统型商业模式是具备完全不同的基因的两种商业模式。

当前，我们恰恰正处在一个粗放的、低效的、高污染的工业技术经济范式向集约的、高效的、可持续的信息技术经济范式转换的过渡时期，知识、智能芯片、信息高速公路等关键生产要素和互联网、物联网、大数据、云计算等通用技术体系，正在取代资本、土地、石油、钢铁等关键生产要素和大工业流水线生产、铁路公路高速运输等通用技术体系，进而扩散到经济领域的每个角落，一旦渗透到了社会生活的各个领域，将支配整个经济运行长达数十年，对于社会和政治变化也具有重大影响，从而使得新的技术经济范式正式形成。而新的技术经济范式形成的过程，也恰恰是共享经济在经济体系中的比重、地位和作用逐渐上升的过程。

从最初作为信息传播工具的新兴媒体形态，到后来作为商品销售渠道的电子商务浪潮，再到“互联网 +”上升为支持国家战略转型最重要的基础设施，互联网技术和思维的普及恰恰是新技术经济范式逐渐替代旧技术经济范式的演进过程。所谓的“互联网 +”，实际上就是以互联网为核心的一系列通用技术体系在经济、社会、政治、文化等各个领域的普遍安装和广泛应用的过程。事实上，“互联网 +”这一新的范式带来的不仅仅是技术层面的变革，更重要的在于它在更深层次上引起了社会经济领域尤其是产业思维和商业模式的巨大创新。就像工业革命所产生的大工业分工范式改变了传统的以土地和水利为基础设施的自然经济那样，信息技术革命所产生的“互联网 +”范式也将会从根本上改变传统的以铁路公路和机电设备为基础设施的工业经济，使得云、网端像水、空气、公路那样成为这个全新时代的基础设施，它们与原有的大量基础设施相互叠加、相互融合，从而使得整个社会的经济基础以及建立在此基础之上的思维方式和游戏规则发生了本质上的变化。正是因为具备了“互联网 +”的整套基础设施，共享才在技术上成为可能，也正因此，共享经济的商业模式才有可能在各个领域迅速扎根发芽并结出丰硕的果实。

传统企业的困顿与谋变

曾经工业时代的旧有范式并不会因为互联网时代新范式的出现就彻底消失了，它只是在整个经济社会中的主导作用逐渐降低并最终让位于新的技术经济范式而已。在新旧范式对产业经济的影响力此消彼长的进程中，最终使得整个社会都会逐渐意识到巨变的发生，从而建立起新的“互联网＋”技术经济范式的新基础，其间科技领域和经济领域的专业能力都发生了巨大的转移，这也就是科技革命的发生，它打破了传统的范式，是对受旧范式所束缚的产业经济的活力补充甚至是巨大解放。一种范式通过科技革命向另外一种范式过渡，就是技术经济范式的演进过程，每一次范式转换都将使得科技所探讨的核心问题以及产业所关注的核心价值发生转移，各界用以确定合理解决技术问题和经济问题的标准也相应地发生了变化。事实上，每次科技革命所引发的技术经济范式的转换都在很大程度上改变了人们的思维方式和行为方式，或曰世界观和方法论都发生了颠覆性的改观。这意味着支配产业实践的旧有规则发生了变化，新范式要对旧范式的很多内容进行重新审视甚至推倒重构。新范式暗含着在产业经济实践中，有了一种新的思维方式和行为方式。因此，当前的“互联网+”潮流，既不仅仅是一种经济现象，也不完全是一种技术现象，而是一种新的技术经济范式的形成与发展。这种新的超限竞争和范式转换正在剧烈地冲击着传统企业既有的商业模式。

然而不幸的是，尽管很多企业已经意识到了这种冲击可能造成的威胁和危机，但是大多数公司并没有真正付出行动去拥抱全新的共享经济。相反，它们仍然固守着传统的完全以盈利为导向的商业模式，并且对短期的财务业绩着迷到了近乎疯狂的程度，对长期的客户价值和社会利益却完全忽视。为了获得当期利润，许多公司完全不顾他们的行为从长期来看会产生怎样的后果，只关注这些利润能否增加它们的红利基金、抬高股票价格、实现分析师的预期。这种纯粹的自私自利的商业模式，正好迎合了短期主义，并直接和共享经济对于社会福利和长远价值的关注相冲突。即便是在共享经济已经席卷全球的今天，这种短期主义仍然很容易成为普遍的、常见的却具有毁灭性的商业问题。

短期主义强调自由市场竞争中自私的一面，它限制人们发挥天性中无私的、为他人着想的一面。正如诺贝尔奖获得者奥斯特罗姆指出的那样，当我们假设人的本性是自私的时候，我们设计出的经济体制就是奖励自私的经济体制。自由市场经济体制比任何一种由国家控制的体制更加有效率、更加公平，这一点显然是毋庸置疑的。但是，“贪婪是好的”这样的信条鼓舞了无数的企业，并且这些企业也很好地证明了——在自由市场经济的体制中，越自私的人得到的回报越大。然而事实上，对于大多数仍然坚守着传统商业模式的企业而言，短期主义只能在公司鼎盛的时候处于支配地位，因为我们应用于公司的财务指标并不能真正从经济上衡量企业的成功。它们从来都不是真正的衡量标准，大多数企业用来记录财务业绩的数字只看过去，也就是只看最近的财务情况，许多公司呈交给股东的财务报告根本不考虑最近的财务业绩怎样促进或者损害了公司未来的盈利预期。

在这种传统的短期主义的商业模式势必造成企业费尽心机不择手段地忽悠消费者进行更多的消费，从而掏空他们的腰包累积成企业的短期财务数字。铺天盖地的广告背后隐藏着的就是企业这种自私自利的短期目光，在今天的商业社会中，平均每个人每天将会接触到 3000 条以上的广告——我们已经被各种各样的信息诱惑成欲望的俘虏。具体的物质满足并不重要，人们爱上的是欲望本身。这种观念促使人们不断地去拥有更多的物质。如今，企业的行为让消费者更加容易去实现追求物质的梦想。之前我们从来没有看作是生活必需品的商品，被广告商们创造出来以卫生、安全、时尚等各种理由模糊了必需品和非必需品之间的界限。高消费造成的必然结果就是我们购买了大量并不怎么需要或者从来没用过一次的东西，从而造成了大量资源的闲置甚至浪费。传统企业的商业模式从来没有考虑如何去解决消费主义造成的社会问题，因为它们在自由市场经济体制中只被鼓励去追求自私的短期利益。

同样，这种商业模式给消费者造成了深深的困扰。我们的房间里塞的东西越多，就越会感觉到自己被生活困得越深。因为我们消费得越多，留给其他的生活空间就会越少；我们花在物质上的时间和空间越多，留给与别人相处的时间和空间就越少。对物质的追求使我们逐渐远离自身作为社会群体中不可分割的个体的基本意义和社会价值，比如与家人和朋友之间的交流，以及个人的理想和对社会的责任。这种短期的商业模式和消费模式误导消费者认为物质等于幸福，拥有的越多就越幸福，好像物质的过度消费可以给消费者带来稳定的安全的现代生活。但事实并非如此，因为这种崇尚物质消费的系统是自由市场经济中的企业和广告商为了达成某种商业目的而设计的。消费者需要的一种更加可持续的健康的生活方式，而不是通过企业生产用一堆看似充实实则空洞的物质来塞满生活。在这样的时代背景下，共享经济的商业模式提供了一条解决传统商业模式造成的问题的合理路径。

大多数在传统范式下成长起来的大公司实际上都已经注意到了共享经济带来的消费行为的转变。例如，国外的取款人和借款人之间不再通过汇丰银行作为中介而建立起借贷关系，他们转而使用像 Lending Club 这样的 P2P 借贷平台；在北京，没有私家车的人出行也不再仅仅通过只有一种固定价格的出租车公司，而是通过滴滴、优步、神州等出行服务公司获得更好的出行体验和更低的出行费用；在全球各地旅游，你也可以不用入住希尔顿酒店或者万豪酒店了，Airbnb 这样的旅游租房网站完全可以为你安排更加个性化的房间。为什么传统公司注意到了这些问题，却不能马上做出调整以适应趋势呢？道理显而易见，因为大公司无法轻易摇身一变就可以转型为新兴公司。比如通用汽车、丰田公司或者奔驰公司等汽车企业，由于它们的工艺流程和公司组织密不可分，所以尽管他们拥有庞大的资本和充足的人才，却无法以一个新兴公司的速度进行创新和迭代。像特斯拉、优步这样的新兴公司反而能够以完全不同于传统商业模式的速度成长和更新。

伊丽莎白·库伯勒－罗丝在她 1969 年出版的《论死亡与临终》一书中，描述了人对待哀伤与灾难过程中的 5 个独立阶段，绝症患者被认为会经历这些阶段。这一模型是后来广泛流传，被称作“哀伤的五个阶段”（Five Stages of Grief）。

第一阶段，“否认”：“不会吧，不可能会是这样。我感觉没什么事啊。”

第二阶段，“愤怒”：“干吗啊，这不公平！这怎么可能让人接受！”

第三阶段，“讨价还价”：“让我活着看到我的儿子毕业就好。求你了，再给我几年时间。我什么都愿意做。”

案例：极家小叮对家装商业模式的变革

“极家小叮”是一款结合家装行业传统 CAD 制图方式而定向开发的 3D 设计工具。基于 CAD 的精确性，系统能自动计算出每个空间的面积尺寸以及装修材料预算，极大地提高设计师工作效率，同时更给业主提供了一个通过虚拟现实技术体验自己未来家里的感受，即时掌握根据自己想法更换各种材料的效果以及报价预算，真正达到“所见即所得”的家装体验。原本设计师需要 4～5 个小时，甚至用一天去用 3DMAX 去渲染的效果图，极家小叮只需 10 分钟。免去设计师出效果图的烦恼，真正提高工作及谈单效率。

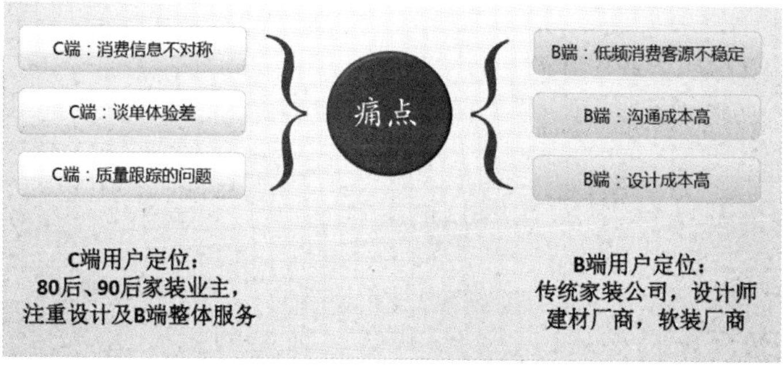

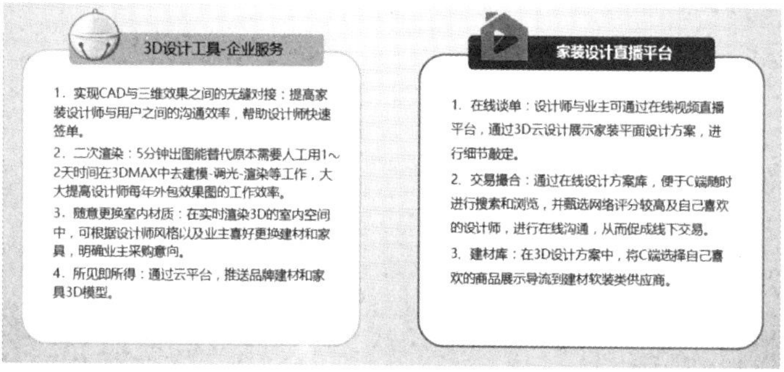

第四阶段，“抑郁”：“唉，干吗还要管这些事啊？反正我都要死了。也没什么意义了。”

第五阶段，“接受”：“我没问题的。既然我已经没法改变这件事了，我就好好准备吧。”

当然，库伯勒—罗丝也提出这些阶段不一定按特定顺序发生，病人也不一定会经历其中所有阶段，但是她认为病人至少会经历其中两个阶段。事实上，今天，我们已经将该模型应用到所有灾难性的个人损失（工作、收入、自由）上，当然，这也也包括家人的逝去、离婚，甚至一家大公司在共享经济模式的冲击下逐渐淡出公众的视线甚至死亡。我们看到，越来越多固守着传统商业模式的企业正在经历这五个阶段中的某一个阶段。

如何建立共享型的商业模式

传统互联网实现了“信息共享”，而移动互联网实现了“经济共享”。共享经济通过移动 LBS 应用、动态算法与定价、互评体系等一系列机制，使得供给与需求方通过共享平台进行交易。而云计算、大数据、物联网大大降低了租赁交易的信息成本，减少了信息不对称，使原本不可能达成的租赁交易成为可能。那么，怎样在移动互联的时代打造出影响巨大的共享型商业模式呢？

第一，摒弃占有权。快速发展的共享生活模式正在被更多年轻人认可，对于绝大多数青年人而言，可以用较低的代价占有一幢房子或车辆可能并不实际。事实上，我们在更多的时候只需要在一定时间内，拥有其使用权而非占有权就可以满足我们的生活要求。放弃占有，并不意味着吃亏，而是一种聪明的选择。这也能启发企业转变原有的出售占有权的理念，转而思考怎样从使用权上面做文章，从而发现那些在使用权方面产能过剩的领域，并将这些已经存在的过剩产能通过共享经济的思维、技术和平台快速激活，使它们能够释放出更多的使用价值和社会福利。工业革命让人类的生产首次跟上了消耗的节奏。于是工业革命以来，人类开始依赖于生产来解决需求的矛盾。这种办法一直用了两百多年，已经出现免疫。现在问题越来越集中在资源分配不均衡上，有的人资源不足，有的人资源过剩。我们需要调配资源的使用来满足社会需求，这个方法就是放弃思考这些资源的占有权，而主要考虑最大化运用这些资源的使用权，那些能够发挥资源本身的使用价值的商业模式，将会得到越来越多的社会认可。

第二，降低收费标准。为什么要降低收费标准？因为我们要激活的是过剩的资源，而不是要购买更多的全新的产品或者资源。同时，降低收费也使得全新的共享经济模式与传统商业模式相比对消费者具有更大的吸引力。然而对于准备转型的传统企业或者挑战传统企业的新兴企业，降低收费标准的最重要的意义还不在此。无论是价值数十万元的汽车，还是价值几百块钱的衣服或者价值几十块钱的玩具，商业模式的创新意味着企业有没有勇气做原来商业模式下不敢做或者无法做到的事情，比如将价格降到原来价格的一半，甚至免费？这是一种破釜沉舟的做法，它迫使企业发动所有智慧去思考如果这样做了，我们将怎样用共享的模式创造出不同于销售产品的盈利方式？正如畅销书《免费》一书的作者克里斯·安德森所说的那样："免费是一种武器，它开始发挥着日益重要的影响力。现在，我们知道进入一个市场最具杀伤力的方式就是彻底淘汰现有的商业模式。"当然，降低收费标准并不是目的，而是我们借此发现全新的共享商业模式的手段。

第三，简化支付方法。没有比跟单据和现金打交道更让人头疼的事了。而且，作为一个初创型小公司，最重要的任务之一就是减少运营过程中的成本支出以及困难。因此，简便的支付程序对任何一个分享型经济体的成功都至关重要。这样，支付就必须自动化，你要尽可能地简化一切程序。现在，科技可以消解很多单据和现金带来的苦恼。如果滴滴车的司机是像以前那样收取现金，之后应该怎么处理，又怎么把现金返还给公司呢？移动支付的发展范围正在超出智能手机和平板电脑。可穿戴设备，如手表、手链和戒指已经在市场上出现了。另外，物联网也在不断扩张，这都使得未来的支付将变得越来越便捷。例如，你走进一家商店去购买牛奶："晃动一下你的手，你的智能手表就可以检测到牛奶盒上的半透明的密码，然后执行一个哈希函数，牛奶就会立马变成你的。"而完成这样的支付动作只需要十几秒钟。越来越多的共享经济企业正在使用随着移动支付技术而涌现出来的简便的在线平台支付模式，微信支付目前已经能够支持购买火车票电影票、偿还信用卡、手机充值、生活缴费、滴滴出行、京东购物等功能，在可以预见的将来，将会有越来越多的共享型企业接入微信支付，使得人们的共享生活方式变得更加便捷更加简单。

第四，重新定位运营模式。无论是传统企业还是新兴企业，都已经不可能继续按照原有的商业模式在共享经济时代求生存了。在美国，包括卡特皮勒和地毯生产商 Interface 在内的很多公司都开展了公司层面的废物回收项目；另外还有譬如加利福尼亚州旧金山市实行的零垃圾计划那样的地区性项目。在世界范围内，产业内实现废物交换利用的产业共生方式在包括日本横滨、韩国釜山和澳大利亚奎纳纳等地都能找到成功案例。传统企业面临共享经济的冲击努力地做出应对以谋求转型。新兴企业则更有必要尝试突破以往的产品生产和消费模式，将商业触角伸向从产品向服务转变的共享经济领域。在过去的高消费主义模式中，私人占有和企业对销售额的追逐创造的是一种"使用—丢弃"的用完即扔文化，并产生了大量的浪费。在共享经济的模式中，无论产品服务系统、市场再分配系统还是共享生活方式系统，新兴的共享型企业的责任都不再停留在产品的制造和销售层面，更重要的社会价值产生在产品出售后的整个生命周期中。越来越多的汽车、服装、家具、地产、电脑、手机等生活耐用品领域的传统企业和新兴企业都开始用共享经济的模式将各自的商业核心价值从产品供应转向了服务提供。这种商业模式和运营模式发生改变的原因，一部分是由于传统商业模式面临着巨大的危机，另一个更重要的原因在于，提供服务所产生的社会价值和经济价值比纯粹的生产产品和出售产品的模式要高得多。苹果的 iTunes 并没有改变音乐本身，只是改变了用户消费和体验音乐的方式；同样的，优步、滴滴、Airbnb、Zipcar 这样的共享平台也没有改变工业产品本身，只是重新定义了以前的企业商业模式和产品运营模式。

第七章

更自由灵活的工作方式

与生活方式

共享是一种全新的思维模式。曾经我们强调对事物的拥有和控制，一辆车、一间房，即使是闲置的，也以“我”占有这辆车、这间房而满足，但就总体来看，这是一种社会资源的浪费。现在以互联网发展为契机，思维改变为“我们”共同使用这辆车、这间房，整个社会资源得到了更好的利用。应该说，这还仅仅是个开始，未来随着大数据的发展，随着信息越来越灵活便利地生产、传输和处理，共享经济会更加深入地渗透到各个角落，继而带来企业商业模式和个人工作方式的深刻变化。在前面的章节中，我们已经探讨了企业商业模式的变化，这一章我们将重点讨论共享经济对个人工作方式的显著影响。

认知盈余与过剩产能

互联网革命的思考者克莱·舍基在研究互联网这种全新的媒介时，曾经提出了著名的“认知盈余”概念。他发现，工业革命以后，人口数量和社会总财富的增长使创造新的社会制度成为可能，与此同时，工业化的副产品——某种公民盈余开始出现了。第二次世界大战以来，持续增长的国内生产总值、教育水平以及人均寿命迫使工业化社会努力去解决一个全国性的、一个之前从未遇到过的问题，那就是自由时间。战后美国每年累积起来的自由时间总计有数十亿小时之多，我们究竟用这些时间做什么去了？大多数时间，我们在看电视，而且在相当长的一段时间内，情景喜剧、肥皂剧、古装剧以及电视上播出的各种娱乐节目，侵吞了发达国家公民的大量自由时间，也就是克莱·舍基所说的公民盈余。可以说，无论是在西方发达国家还是在中国，20 世纪后半叶，看电视消耗了我们最大部分的自由时间，全世界人们平均每周花在看电视上的时间超过 20 小时。某个出生于 1960 年的美国人迄今为止已经看了 5 万多小时的电视节目，而且很有可能在他离世之前还会继续看 2 万 ~3 万小时。几乎所有拥有一台电视机的家庭做的最多的三件事，分别是工作、睡觉和看电视。

克莱·舍基敏锐地抓住了问题的要害：“想象一下，如果我们将全世界受教育公民的自由时间看成一个集合体，一种认知盈余，那么这种认知盈余会有多大?”维基百科大概代表了累计高达1亿小时的人类思考，但是与人们看电视使用的时间比起来仍然相形见绌，仅美国人一年之中花在看电视上的时间加起来就高达2000亿小时。但是在互联网出现之前，社会完全不知道如何去处理这些自由时间，而看电视成为消磨这些时间最简单的选项。但是实际上，除了单纯地进行媒介消费之外，人们更喜欢创造和分享，只是电视不能提供这样的功能。互联网的出现改变了这种局面，当人们买了一台电脑或者智能手机的时候，他们购买的不只是一种消费数字内容的机器，同时也意味着购买了一台可以创造内容和分享内容的机器。试想一下，99%的事物都和原来一样，人们仍然像以前那样消费99%的电视资源，但是那剩余的1%时间开始用于数字化内容的创造和分享。对于我们每年消耗掉的一万亿小时的空闲时间来说，任何转变，不管多么微小，都可能是很大一部分的时间，并且这种微小的变化累积起来都能造成巨大的后果。事实也的确如此，社会化媒体的快速崛起创造出了诸如Youtube、Facebook、Twitter、QQ、微博、微信等举世瞩目的成功企业，它们正在通过信息共享、知识共享的行为将分散在全球各个角落的自由时间或认知盈余聚集起来，形成改变世界的巨大力量。

而今天，人们正在获得越来越多的自由时间。快速发展的人工智能已经开始大面积取代人类工作的时候，一个“后工作时代”也开始逐渐降临。一些被称作“后工作主义者”的作家、经济学家和学者认为，机器人应用是件好事，它能让人类免于繁杂、无趣的工作，而专注于有意义的创造性劳动。美国作家皮特·弗拉赛在新书《四个未来》中探讨机器自动化将如何改造美国。他指出，许多人迫于生计而工作，最后工作却成了生活的意义，这可谓本末倒置，“未来物质极大丰富时，我们不会这样，而应该想办法提高效率、免于被雇用工作”。在“努力”“勤劳”等工作价值成为机器人工作伦理的同时，人类的双手和大脑也正在被解放出来，我们因而获得了比工业时代更加丰裕的自由时间。不同于过去的地方在于，越来越多的年轻人并没有通过看电视的方式来消磨这些自由时间，而是纵身一跃进入了数字化内容的创作与分享的大潮之中，成为社会化网络的一个节点或者一个参与者。

事实上，工业革命尤其是20世纪的大规模生产之后，不但出现了认知盈余的现象，还出现了“消费盈余”的问题。我们都知道，即便人们把大量的自由时间都用在了看电视这件事情上，一个人也不可能同时看两台电视机，可是很多家庭中的电视机数量却超过了家庭人口的总数。同样的，有些家庭拥有的房产和汽车也超过了家庭人口的总数。还有很多人购买了大量的物质商品，衣服堆满了衣柜却不知道穿哪件、鞋子堆满了鞋柜却有很多

案例：雪瓣的学习兴趣共享拼课实践

雪瓣是杭州雪瓣网络科技有限公司旗下致力于提供兴趣学习类拼课学服务的O2OAPP。取“兴趣为师，有学有伴”之意，雪瓣希望能帮助用户发现兴趣、自由学习。将分散的培训资源高效整合和统一调度，雪瓣深度重构商业培训供应链，为学员打造“身边的一站式学习服务平台”，提供小班课、私教课、视频课、企业定制活动等多种形式的商业培训服务。目前，雪瓣已经在杭州、济南、武汉等多个城市开展业务，并通过雪瓣官方APP（iOS、Android版）、雪瓣公众号，累计服务学员超过100000，平台精选老师超过了5000名。

从来没穿过、图书堆满了书柜却一本都没有翻完过……这种消费盈余的现象在共享经济的词典里被称为产能过剩。而产能过剩与认知盈余一样，也不是今天才有的现象，20 世纪六七十年代的经济滞胀时期就曾经出现过向河流中倾倒牛奶的事件。产能过剩并不是绝对意义上的过剩，因为仍然有很多人对这些相对过剩的产能有着强烈的需求，但是自由市场经济体制本身的逐利性使得这些资源被更多地配置给了财富占有量较多的群体。

当然，那些过剩产能和闲置资源的拥有者也未必不想分享给其他人使用，但是在过去的通常情况下，要么是处理这些闲置资源的交易成本太高了，例如一个旧沙发搬运起来太费时费力；要么是匹配这些闲置资源的效率太低了，例如我们并不清楚也不知道怎么去弄清楚周围一公里的半径内谁需要这样一个旧沙发。互联网，尤其是移动互联网的飞速发展在改变人们消耗自由时间聚合认知盈余方式的同时，也改变着人们利用闲置资源的方式和效率。作为互联网背景下新经济形态的共享经济，通过物联网、云计算、大数据等新一代信息技术，为独立个体精准匹配供给和需求，将原本“沉睡”的闲置资源重新带入交换领域，提升了社会资源的利用效率。共享经济此前悄无声息的一个重要原因是支撑信息社会和分享经济的网络条件当时尚不具备。无论信息的分享还是物质的分享，都必须建立在普及、通畅、便利、廉价、开放的网络基础之上。今天，从铜到光的变化铺就了连接世界的信息高速公路，互联网的演进为社会化媒体提供了发展的环境，移动互联网的崛起为共享经济创造了应用平台。

可以说，互联网和移动互联网的发展为人们利用认知盈余和闲置资源提供了更加高效便捷的分享工具。从人的社会性而言，人们不仅仅喜欢消费，而且也同样喜欢创造和分享，和别人一起创造并分享某种信息、知识、技能以及物品，这一简单的举动至少代表了对某种旧有文化模型的回应，而这种全新的共享文化正在披着科技的外衣。如今，技术正在将人们从烦琐枯燥的体力劳动和脑力劳动中解放出来从而赋予了他们更多的自由时间，知识分享、技能分享以及闲置资产的分享也为越来越多的人开辟了第二条、第三条、第四条的收入来源。这意味着，越来越多的劳动者将不再仅仅通过单一职业或者单一工作而生存和发展，我们正在与传统的单一、固定、朝九晚五的工作方式决裂。

此外，在科技发展的挑战下，一些工种正在逐渐消失：机器人取代了流水线上的体力劳动，人工智能甚至可以代替记者写财报，Instagram 这样的创业公司只需要十几个顶尖人才就可以为全世界的用户服务。人口的老龄化等都在一定程度上导致了青年失业率的增加。而共享经济能创造出更多的就业机会。开 Uber、帮人购物等并不需要专业技能，只需要一些时间和体力。智能手机 app 能通过时间、地点、技能的匹配将劳动力分配到最需要的地方，将资源利用率最大化。

自由职业者/斜杠青年

以 Uber、滴滴为代表的共享经济模式正在大行其道——不需要固定的办公室、没有规定工作内容的合同、工作时间灵活可变、收入还相当可观。它不仅改变了人们的生活，还正在改变人们的工作。共享经济在高度机械化、纪律化、标准化的社会化大生产之外，给了供求双方更自由选择、更自由供给、更个性定制的可能性，从而在一定程度上使得共享经济具有了“自由人”的联合意味。譬如，河狸家、58 到家等上门 O2O 服务平台让手艺人成了自由职业者，而滴滴快车及 Uber 让私家车主成了自由职业者，而像爱大厨这样的上门做菜服务模式也让厨师不用再为饭店打工。事实上，在国外，很多医生和房产经纪人等也都是自由职业者。他们不仅工作时间自由，而且作为自由职业者还颇受尊敬。LinkedIn 的自由职业者中有 46% 从事艺术设计相关的职业，而且他们的工作范畴不仅限于传统的高端艺术品和图像艺术这些领域，他们之中有音乐家、插画师以及化妆师。如果你正在考虑利用这些领域的才能成为自由职业者的话，你已经有很多同行了。

2015 年 6 月的麦肯锡报告显示，目前全世界有超过 2 亿失业或就职于不需要他们本身所拥有才能的人可以从自由职业平台上获得更多的工时和收入。Mary Meeker 在 2015 年互联网趋势报告里写道：美国的自由职业者已达 5300 万，是总劳动力的 34%，他们要么无稳定雇主，要么利用业余时间做多份兼职。低于 35 岁的美国年轻人中有 20% 打多份工，有 38% 希望从事自由职业，有 32% 认为自己未来的工作时间将非常灵活且有弹性。另外一组数据显示，中国的 O2O 自由职业者平均税前收入已达 8312 元，超过了上海市白领平均收入的 7214 元。

所有个人资产和专业能力都可以成为个人的生产资料，每个人的正职工作成了每日工作中的一种，你可以朝九晚五做一个会计，下班后做一名专车司机，回家后做一名职场生涯顾问。这也是对个人的一种解放，个人不再被日复一日的工作捆绑，从而有可能摆脱大工业时代遗留的生产组织形式对人的异化，使得经济更多成为“自由人”的自由联结。

越来越少的人像父辈一样，一生只做一份工作。只要你拥有经验、技能，一部手机便能为你的资源带来收入。不需要固定的办公室、没有规定工作内容的合同、工作时间灵活可变，收入还可以赶上一个普通的工薪阶层。尤其对于个性张扬的 90 后、00 后而言，共享经济更可能成为他们的主要生活方式。老一辈对于“稳定工作”的信仰，已经被共享经济所带来的“U 盘化生存”所替代。传统的工作不再是社会人的必备品，而降为生活方式中的一种。在未来物质极大丰富的社会中，由于个人或多或少都拥有一定的有形和无形资产，他们可以通过共享经济维持收入，不再束缚于单一工作，拥有更多的自由时间，我们可以充满信心地预期一个文艺创作和科技创新大爆炸的未来。那时，全职工作将不再是你的身份标签，或者唯一的收入来源。你可能同时是 Uber 司机、Airbnb 房东、Instacarter 买手、Taskbabbit 达人。通过这些共享经济平台，你可以灵活地交换时间、技能和金钱，找到最适合自己的生活方式，甚至还可以从中交到不同圈子的朋友，获得新的技能和职业机会。面对充满不确定性的未来，共享经济还能够提供多元化的职业道路，抵御潜在的失业风险。

事实上，在共享经济风行的当下，我们很容易就能找到第二份、第三份、第四份工作。Upwork 的前身是 oDesk，拥有超过一百五十万客户。它提供各个种类的自由职业，各种短期或长期的项目，按小时或按项目统计的工作，针对专业水平和业余水平的项目。Fiverr 是一个相比其他网站更有趣的兼职平台。你可以在上面出售你的独特技能，最低售价是 5 美元。你可以在上面找到很多新奇，甚至奇怪的技能。Toptal 是针对更专业更有经验的自由职业者的。在 Toptal 上你可以找到像 JPMorgan、Zendesk、Airbnb 这类大客户，而且薪酬也更高，同时还可以有机会参加 Toptal 社区举行的 meetup。分子集是中国本土的一款 app，企业用户可以在这个平台上发布企业的临时性项目需求和短期中高级职位需求，个人用户也可以发布自己擅长的技能或者拥有的优势资源，企业和个人可以通过驻场、远程或者咨询等形式达成合作。

2016 年以来，更多的自由职业者更愿意用一个洋气的标签形容自己——斜杠青年。这个词源于《纽约时报》专栏作家 Marci Alboher 写的一本书《双重职业：一种新的工作、生活和成功方式》，她在书中提到，如今越来越多的年轻人不再满足“专一职业”这种无聊的生活方式，而是开始选择一种能够拥有多重职业和身份的多元生活。这些人在自我介绍中会用斜杠来区分不同职业，例如，莱尼·普拉特，律师/演员/制片人，于是，“斜杆（Slash）”便成为他们的代名词。事实上，Slash 不只是在国外流行，国内一线城市也已经开始出现 Slash 的身影，而且他们的数量在迅速增加。我身边就有不少 Slash，他们当中，有的是完完全全的自由职业者，依靠不同的技能来获得收入，有的则有份朝九晚五的工作，在工作之余利用才艺优势做一些喜欢的事情，来获得额外收入。

伴随着共享经济的快速发展，斜杠青年在未来会越来越多，因为当服务业成为最大的产业后，将有大量人才涌入教育、健康娱乐、文化、艺术等行业。而在很多情况下，个人就能成为一个独立的服务提供商。我们现在所处的共享经济时代是人类历史上最好的一个时代，因为年轻人不再需要拼家庭背景、拼人脉、拼财力，而是可以完完全全通过自身实力和才华就能获得个人成功。这其实得归功于互联网的发展，它的出现冲击了传统社会阶级的根基，提高了社会流动性，给这个世界带来了人人平等的机会。所以，这个时代最重要的投资应该是自我投资，因为只要你拥有扎实的知识功底、才华或者技能，就可以拥有多重职业和身份，成为 Slash 中的一员，过上一种更接近人类原本生活状态的、自主的、更多元化和有趣的，同时又能经济独立的生活。

工作就是创意， 工作就是生活

1992 年的诺贝尔经济学奖得主 Gary S. Becker 将微观经济分析扩展到非市场行为的人类行为和相互作用的广阔领域，在他的大作《口味的经济学分析》一书中，他说道："大部分现代经济学的研究仍然是在这样一个隐含的假定上进行的，即偏好的主要决定因素是人们对食物、饮料、居所和一些消遣娱乐的基本生理需要。对于极端贫穷的国家而言，这可能是一种好的研究视角，……人们所消费的大部分食物（特别是在餐馆里所消费的食物）以及人们所选择的闲暇活动的类型，所有这些都是由几乎与基本生理需求完全无关的考虑决定的。"事实上，经济学研究的领域已经从最初的物质资料的生产与消费，逐步扩展到了货币交换关系，并将进一步扩展到人类的全部行为，也就是说它会将更多的以人类的心理需求为基础的各种现象纳入到经济学的分析领域，而不仅仅局限在人类的生理需求方面。

这也恰恰就是为什么这几年幸福感这个词如此受到关注，就连央视这么正襟危坐的国家级媒体都会忍不住要问一句“你幸福吗”，很多人都会认为经济增长必然带来这个社会所用公民的福利增长，但是事实上，福利是以人的主观感觉为基础的，所以，一个国家或者一座城市的居民的幸福感要考虑到所有公民主观感受的集合。一个人的幸福感不仅仅以满足最基本的物质需求和生理需求为限，“而是隐含着一个从基本生理需求到各个层次心理需求的一个丰富的需求谱系”。而一个人的这些心理需求，既可以是理性的，也可以是非理性的，并不完全符合传统经济学的理性人假设前提，很多时候的需求或者购买行为并不完全都是理性的支配，也不符合经济学经常提到的经济利益的最大化。这也就是为什么前几年“怪诞行为学”或者“怪诞经济学”受到了更多的关注。与其说“怪诞”，不如说是传统的经济学思维无法给出更合理的解释，因为很多怪诞行为背后不是理性的最大化思维在主导，而是更多非理性的心理需求在主导。

对于工作的观念，我们也存在很大的误区。传统经济学认为只有工作才能创造价值，而在共享经济时代，我们将会重新发现，除了工作之外，生活也能创造价值，休闲也能创造价值，甚至不工作也能创造价值。实际上传统经济学主要是建立在工业革命后的工业经济基础之上的，在工业经济时代，简单的重复的体力工作无疑是创造社会价值的主要源泉，直到后来很多经济学家和管理学家提出了脑力工作的概念来指代复杂的技术工作和管理工作。无疑，这些工作在今天仍然能够创造出巨大的社会价值，但是怎么解释除了劳动、土地、资本、管理等之外的共享经济的非雇佣性工作要素也能创造价值的现象呢？亚当·斯密曾指出价值问题包括三个方面：“第一，什么是交换价值的真实尺度，换言之，构成一切商品真实价格的究竟是什么？第二，构成真实价格的各部分，究竟是什么？第三，什么情况使上述价格的某些部分或全部，优势高于其自然价格或普通价格，有时又低于其自然价格或普通价格。”但是，在共享经济时代，斯密所说的这三个问题——价值的源泉（财富）、价值的生产和价值的实现（价格）——都与传统的工业经济时代产生了巨大的差异。因为，这个时代，单纯的体力劳动越来越多地被机器所取代，而脑力劳动者也越来越多地被各种技术所替代，这也就意味着劳动要素、技术要素乃至资本要素等都已经不再是稀缺的资源，这种曾经流行于大规模生产经济时代的价值创造方式更多地被共享经济时代的闲置资源匹配、使用权至上、个性化定制、文化符号、用户体验与独特创意所颠覆。

因此，我们意识到，不同时代，人们对价值的来源、内涵、表现形式、生产规律的认知都是存在着很大差异的，而恰恰就是这种差异将人类社会的经济形态区别开来，因此才会有了农业经济、工业经济、服务经济以及今天所说的各种新经济形态，在不同的经济形态下，人类对于价值的认识也是不同的。但是，人类对于价值的观念变化主要与人类在不同时期的不同需求有着巨大的联系。正如马斯洛所言：“每一种基本需要的满足都会引发‘更高’的需要，支配下一个意识阶段。就他本身而言，他所认为的等同于生命本身的、绝对的、终极的价值，不过是在某一特定的阶段占支配地位的需要，这种需要不过是需要的层级结构中的一种。”当人们实现了马斯洛需求层次中的生理需求时，就会产生更高层次上的心理需求，价值不断从只满足人的生理需要向同时——直至主要是满足人的心理需要演进。

共享经济就是在人们基本满足了对现代生活的物质需求之后而产生的一种更高层次的社会化生产与协同化消费的需求，对基本物质生活的满足，使得越来越多的人有勇气放弃工业时代固定工作模式对人性的桎梏，转而追求更加丰富多彩的职业体验和人生经历。而事实上，个性化和多元化的生活方式，在共享经济时代也与传统的工作方式一样，具备了创造某种社会价值乃至经济价值的能力。

技术变革进程中新的智能终端允许我们将生活与工作中的多重任务同时叠加在一起进行处理，从而打破了 8 小时工作的时间界限，创造了一种全新的生活与工作的融合。智能终端让我们在家的时候可以处理工作，工作的时候可以处理家务。更有意思的是，原来我们仅仅从传统媒体上获取信息、学习知识、收看节目，但是今天我们已经把大部分工作和生活中的事务都搬到了智能终端上来同时处理，沟通客户、联系家人、收发合同、监管儿女、召开会议、聚会朋友……只需要一部智能手机，我们就可以确保自己永远“在场”。这样，过去横亘在工作与生活之间的界限逐渐变得模糊甚至消失，人们在技术上首先实现了工作与生活的相互交融。但是关键问题并不在此，更为重要的事情在于，我们工作与生活的目的越来越趋于一致而不是相互分离。

人类从古至今，一直为了生活而奔波。古代劳动人民需要根据时节决定种植什么粮食，然后用以维持家计，现代人需要根据待遇高低选择一份工作过上好日子，人的兴趣、生活和工作、劳动是分开的。为了生活而工作，这样的理念是 20 世纪 50 年代欧美大型企业对人们灌输的主流工作观念，这一工作观念已经影响了将近两代人。在自由市场经济体系中，我们只是将有才能的人留在了从经济意义上来说毫无生产力的行业内，让人们无法走出去探索新的事物；而另一方面，这也使得传统的企业很难适应迅速变化的环境。

如果几乎所有的工作都是由人人共享平台上的独立个体承包商或者自由职业者来完成的，那将会怎样？企业和员工都将会从新的有效回应方式中获得收益——企业将能够对市场力量做出更迅速的反应；个人则可以分散他们的收入流，并且协助改变一个垂死挣扎的行业的现状或者一分沉闷至极的工作。在共享经济时代，我们的生活与工作融为一体，这就是一种社会文明的进步。工作即生活，生活即工作。这是一件非常美好的事，此时每个人都可以根据自己的兴趣和特长来安排自己的工作，工作当成为人生一大乐趣，并成为生活方式的一种。当工作成为一种分配时间、置换资源的方式时，将来我们或许可以用一份工作来满足自己的爱好，通过另一份工作交朋友，再用第三份工作来挣钱。

全球 “联合办公” 运动

2008 年，为了节省开支，一名已退役的以色列海军军官亚当·诺伊曼打算把布鲁克林码头区的一处工业建筑里办公室的一个角落转租出去，于是诺伊曼打了招租广告。很快一位名叫 Miguel McKelvey 的房客就登门拜访了。McKelvey 是一位建筑师，曾为服装大牌 American Apparel 设计过店面。诺伊曼和 McKelvey 跟所在大厦的业主提出了合作办公的想法，却得到房东这样的回答：你根本就不懂房地产。诺伊曼的回答是这样的：你的房子都空了，难道你懂房地产？于是，诺伊曼和 McKelvey 创建了一家名为 Green Desk 的公司，此后在布鲁克林和皇后区又开了 6 家办公场所，2010 年诺伊曼和 McKelvey 在苏荷区开了新品牌办公空间公司 WeWork。当时人们非常不看好二人的创业项目，因为那时适逢经济急转直下。但是情况恰恰相反，随着工作机会不断消失，专业人才开始从事自由职业，WeWork 的生意越来越好。

案例：移动办公新思路

微信企业号的第三方应用“办公逸”初步想解决的就是这样一个问题，他们把企业所有与考勤相关的服务集中在“办公逸”移动办公（OA）套件中。企业管理员可以在套件的帮助下通过微信企业号对员工的日常出勤、请假、加班、调休、出差、外出等活动进行统一管理，员工也能在微信上查看到自己每月的出勤状况。除了考勤服务，“办公逸”的移动办公（OA）套件还配有企业常用的“审批”“红包”“内部通信录”等功能。之后“办公逸”也会自然加入薪酬管理、工资发放等服务。

WeWork 的运营模式是：从房东或物业经理那里租赁空置的办公楼层空间，将其装修改造后转租给个人和创业公司，提供配有豪华办公桌椅、沙发、会议室、WIFI、会客室、打印室、零食

和休闲设备的时髦公共办公环境，所有租赁入驻 WeWork 的会员都能享受到上面所有这些服务。这基本上就是 WeWork 在做的事情。注意，WeWork 并不是购买这些闲置的楼层空间再装修转租，它只是租赁过来。

WeWork 提供的是按需付费的会员服务。几种不同的会员服务分别针对创业公司、自由职业者和经常到其他城市办公的人群而打造。在会员收费方面，WeWork 提供了三种不同的会员服务，分别是月收费 45 美元/月的“初级版”会员，95 美元/月的“进阶版”会员和 350 美元/月的“无限量版”会员。三种会员不同之处在于可以使用办公区域的时间，并在会议室租赁以及工作信件签收等方面有所差别。人们都可以按照自己的实际需求选择购买不同的 WeWork 的会员服务。

如今，WeWork 所代表的“联合办公”或称为“共同工作”已经成为一种新型的风靡全球的工作形态。联合办公空间同时也是联合工作者的社群平台。彼此若有共同价值观且志同道合的共同工作者，多半会在共用工作空间自然产生合作。工作者在共享的工作环境、办公室或者空间，都算是共同工作，而共同工作者大部分都是自由职业者。有专家预测，到 2020 年，有 40% 的劳动力将变成自由职业者、临时工、独立承包商或自主创业者。而他们当中的许多人，都是具备全球化思维、互联网思维、环保意识和成本意识的工作者们，他们倾向于寻找灵活的临时性的办公环境，不管是在繁华的市区中心还是在某个车马稀少的陌生街道边。

对于这样一群喜欢联合办公的工作者而言，联合办公的意义远远不止一个共同的办公环境那么简单，很多人把这种联合办公场所看成一种互动中心或者社交场所。虽然办公空间的形式不断变化，但始终保持不变的是，它结合了咖啡馆的社交、活力、创意和工作室的生产性、功能性等最佳元素，从而创造了一个全新的互动空间，它既不是公司里的一张办公桌，也不是个人家里的书房空间——它是另一种公共空间。在这种公共空间里，你不用受人拘束，并且一定能够找到一些有意思的伙伴和有意义的收获。随便去任何意见联合办公室，你都会发现在灯火通明的空间里各自忙碌着的人们，一部分人戴着耳机盯着自己的苹果笔记本兀自忙碌，一部分人聚集在餐厅或者休息区相互交流沟通，这些人独自工作但是在一起办公。

如果你是一个自由职业者，每天在家无法有一个安心的办公环境，往往咖啡馆会是你办公的另一个选择。但是咖啡馆毕竟是一个人流来往密集的公共区域，空间狭小，隐私不足，还有不断循环播放的音乐打扰你，一旦你要起身买杯饮料，上个厕所，包包怎么办？电脑怎么办？都带走了，那是不是位置也就可能被其他人占据呢？咖啡也不能喝一整天啊！其实，自由职业者也需要一个办公氛围，这样能大大提高工作效率。对于一个人办公，往往最适合的就是联合办公这种形式。

在中国，类似 WeWork 这样的联合办公场所也开始增多并受到很多自由职业者的青睐。从成都到深圳，从北京到上海，中国年轻人忽然兴起了“联合办公”生活。2015 年，SOHO 中国董事长潘石屹开始了“SOHO 3Q”，万科集团前高级副总裁毛大庆推出了“优客工场”。而就在几年前，还有人在网上感慨，美国及欧洲“联合办公”越来越普遍，中国这样的地方并不多。但到 2016 年年初，克而瑞咨询的一份报告显示，中国的联合办公空间已达到 2300 多家。

发家于广州的酷窝（Cowork）被认为是中国版的 WeWork 模式，但是其定位联合办公空间是吸聚精英人群进行的工具和手段，经营一个线上的精英人社群是其核心目标，而将这些精英人群的核心人力资源价值发挥出来是其追求的本质。与一般的中国 WeWork 模式的创造者不同，酷窝在运营过程中，却将地产办公空间仅仅作为其实现核心商业模式的入口和手段而已。通过联合办公空间的提供而建立连接的社会精英人群是其核心目标，最终通过建立精英人群的社区，再度挖掘其人力资源，以及人力资源背后连接资源的价值，其更加希望定位自己是一个人力资源的开发公司，诸如“猪八戒网”和“在行”的核心模式。唯一不同的是，酷窝选择的是用联合办公空间这样相对厚重的入口方式来吸聚人力资源而已。

在高级层次的综合运营模式中，方糖小镇的运营能力不仅限于联合办公和创业服务，更为创新的是突破办公场景的局限，通过连接背后的资本合作方和战略合作伙伴的力量，开始围绕服务人群对于工作场景（联合办公、创业服务）需求之外的，进行更多的生活服务场景的连接，包括在方糖小镇入驻的团队个人，可以在其合作伙伴华住酒店集团的相关酒店进行生活住宿，从而实现了更为一体化的服务。

此外，人们经常提到的众创空间在很大程度上与 WeWork 所创造的联合办公形式存在着很多相似之处。众创空间是顺应创新 2.0 时代用户创新、开放创新、协同创新、大众创新趋势，把握全球创客浪潮兴起的机遇，根据互联网及其应用深入发展、知识社会创新 2.0 环境下的创新创业特点和需求，通过市场化机制、专业化服务和资本化途径构建的低成本、便利化、全要素、开放式的新型创业服务平台的统称。事实上，中国的众创空间模式正在通过积极探索，将“供给侧改革”“企业减负”“双创落地”“共享经济”等有机融于一身，并在政府自上而下的政策支持下开创出“大众创业、万众创新”的产业聚合新模式和新景观。

第八章

社会化的资本共享行为

共享资本、共享金融

建立在产业资本和金融资本融合发展基础之上的资本主义时代正在淡出世界舞台，新兴的物联网正在催生出一种改变人类生存方式、生产方式和生活方式的新型共享经济模式，在这种模式下，不但房屋、汽车、数据、创意等有形或无形的资源可以实现共享，就连资本主义逻辑的核心——资本也可以实现共享。当前，我们已经看到资本主义经济与共享经济共同出现在一个国家的经济体系中并协同发展相互竞合的趋势。虽然资本主义市场经济已经发展为一个相对成熟的经济体系，而共享经济只是刚刚起步并且仍然存在很多需要完善的地方，但是它对社会经济产生的颠覆性作用将会越来越大，并将在不久的将来发展成为一种举足轻重的经济模式。经济模式的转变具有颠覆式的破坏性，它意味着曾经支撑整个社会经济的基本假设和理论模型以及建立在此基础之上的价值信仰和制度文化都已经不合时宜了。

资本主义体系中的金融资本

资本主义革命把越来越多的社会资源都打上所有权的标签，从而形成了“你的”“我的”或“他的”归属关系明确的私有财产观念，这样，人类生活开始分割，私有财产与公共财产开始分开，私人生活与公共事务也开始划清界限。越来越多的私有财产的相互交换造就了资本主义自由市场的繁荣，通过长时间的积累形成了具有一定规模的产业资本和金融资本，借助资本的力量，越来越多的产业或企业实现了估摸经济和集中管理。当生产从属于资本、生产者从属于资本家之后，资本主义的生产关系和社会关系就得以确立。尽管诚如马克思在《共产党宣言》中所言，资本主义体制“所创造的生产力，比过去一切世代创造的全部生产力还要多，它在相对较短的生命周期中深刻地影响了人类社会的历史进程”；但是，资本具有与生俱来的逐利性，它通过残酷的竞争和强势的整合疯狂地从劳动者和消费者身上攫取了巨额利润，而这些利润却是以环境的破坏、资源的浪费和社会关系的异化为代价的；地球生态系统的隔离、私有化、资本圈地和商业开发急剧提升了作为少数群体的资本家们的生活标准，却是以牺牲生物圈中大多数群体的利益为代价的。因为，资本的逻辑并不像资本主义的拥趸者所宣称的那样美好，事实甚至可能恰恰相反：商业的根本目的是获取利润而不是增加社会福利，经理人业绩的评价标准是短期的利润和股价而不是长期的价值创造，“消费者是上帝”只是盈利的手段而不是企业的价值观，资本可以通过操纵市场整合和政策制定来阻止竞争而不是促进创新。尽管强大的资本力量的确通过对整个价值链的垂直整合和寡头垄断在很大程度上降低了边际成本，但是这种保护垄断者先期投资的方式也意味着它阻碍了资本向新领域的投资，长期下去经济就会陷入停滞。

在资本主义体系中，存在着产业资本和金融资本两种不同的资本类型。二者之间的差异不是就资本的存在形式来进行区分的，而是就利用资本的行为者及其目的来进行区分的。

关于这一点，卡萝塔·佩蕾丝在其经典著作《技术革命与金融资本》一书中进行了非常明确的表述：“金融资本代表了以货币或者其它账面资产持有财富的那些当事人的标准和行为。他们可能获得利息、红利或者资本利得，但是无论通过何种手段，最终他们的目的仍然致力于以货币的形式拥有财富，并使其增殖。从本质上讲，金融资本正是重新配置与重新分配财富的行为者。相比之下，生产资本则体现了那些通过生产产品或提供服务而创造新财富的那些当事人的动机和行为。这些当事人向金融资本借入货币，进行生产或提供服务，然后与其分享所创造的财富。如果他们使用自己的货币，那么他们事实上要执行两种职能（笔者注：即金融资本和生产资本两种职能）。作为生产资本，其目的在于为生产而生产。他们在本质上是建设者。”简而言之，产业资本通过从事实际生产而赚取利润，金融资本通过从事借贷或投资等非实物资金运作，即钱生钱，来实现资本增值。

金融资本具有极强的流动性和天生的逐利性，它们在本质上是无根基的，哪里有利润，它们就会迅速的流向哪里，它们会广泛投资于大量的产业、企业或者产品以趋利避害达到风险最小化、利润最大化的目的。虽然产业资本也以盈利为目的，但它却会在较长时期内专注并扎根于某一自身所能胜任的产业、地域、企业或者具体产品，经历产业的形成、成长、成熟乃至衰退，并在这个过程中直面风险、探索创新或寻求转型。

经济金融化的趋势在世界范围内逐步蔓延，“金融资本作为一种隐遁的决定性力量，其扩张性的逻辑突破了民族国家边界、超越空间领土范围，全面控制着人们的社会生活以及意识形态领域，主导着当今全球化的进程，就某种意义而言，全球化的展开方式是金融资本逻辑发展的必然结果。”经济金融化趋势使得金融资本相对于产业资本而言获得了更大的话语权甚至是支配性的力量，进而凭借其强大的流动性和渗透性在全球任何一个地域、任何一个产业或者任何一家具体的企业长驱直入，影响着区域的政治经济、产业的兴起与衰退以及企业横向纵向的重组整合。

早在一个多世纪之前，列宁就曾经对资本主义尤其是资本主义经济体系中的金融垄断资本提出过激烈的批判，他说：“垄断既然已经形成，而且操纵着几十亿资本，它就绝对不可避免地要渗透到社会生活的各个方面去。”在列宁看来，资本主义的一般特性就是资本的占有同资本在生产中的运用相分离，全靠货币资本的收入为生的食利者同企业家及其一切参与直接运用资本的人相分离，而金融资本的统治使这种分离达到了极大的程度。金融资本对其他一切资本形式的优势，意味着食利者和金融寡头占统治地位，意味着少数拥有金融实力的国家、组织和个人处于绝对控制的优势地位。金融资本这种资本主义发展到高级阶段必然诞生的产物，形成了少数发达国家以及少数财富精英压迫和剥削大多数世界上的国家和普通民众的坚实基础。这种资本的高度集中性和分配的极端不平衡性在过去的工业经济中存在有一定的社会基础，但是到了扁平化、民主化和互联网化发展快速的共享经济时代，它已经正在失去其存在的经济基础、技术基础和思想基础。

另外，资本家对提高生产效率和降低边际成本的追求必然会导致自动化的机器取代越来越多的劳动力，失业带来的购买力降低将无法支撑大规模产品的消费。当巨大的生产力从越来越智能化的机械设备而非雇佣劳动者身上释放出来的时候，是否还会有足够的消费者以及消费能力购买资本主义生产出来的大量产品和服务就成了资本逻辑必须正视的悖论，恰恰是资本和资本主义体系自身才是贪婪和毁灭的罪魁祸首。这时候，共享经济提供了一种可行的解决方案。当越来越多的工作实现了自动化和智能化的时候，被释放出来的大量劳动力将从资本主义的市场经济范畴转移到协同共享的社会经济领域。这也就意味着协同共享将和辛勤劳动、努力工作同样重要，社会资本的积累也将和金融资本的积累具有同样的价值。

社会资本， 一种新的资本形式

共享经济模式的成功正在大规模地冲击着传统资本主义商品交换和利润掠夺的商业逻辑及其市场潜力，越来越多的经济学家开始质疑曾经被奉为圭臬的亚当·斯密在《国富论》中提出的经典论断：市场中的每个人都追求自身的眼前利益。

Zipcar 的创始人罗宾·蔡斯认为：“资本主义者会告诉你，我们是受自我利益驱使的，所以不会共享。但我认为，自我利益会驱使我们共享一切东西。但是，懂得这种新的人人共享模式的企业、政府和个人将不会去建立其他的模式。他们会增长得更快，学习得更快，适应得更快。未能分享和联网的公司和政府，将远远地落在后面。我们正在见证资本主义的终结。没有什么能够或必然阻挡我们。”

共享经济将要革资本主义的命，里夫金业是这么断言的，他在其著名的《零边际成本社会》中是这么描述的：“拥有超过百年历史的资本主义体制已经力不从心……21世纪下半叶，它能否在经济体制中保持主导地位是极不确定的……到2050年，协同共享很可能在全球大范围内成为主导性的经济体制……这也就意味着，资本主义体制将丧失在经济中的主导地位。”这个在过去两百年时间里造就了第一次工业革命和第二次工业革命并推动着现代经济发展的经济模式正在被蚕食，直到有一天失去它的主导地位。当然，它是否会如蔡斯或者里夫金预言的那样，在21世纪中叶就将终结，我们还需拭目以待。但在目前，最起码共享经济提供了另外一条解决资源配置效率和社会发展公平的全新思路。

数以百万计的产消者聚集在物联网所构建起来的协同共享空间中，通过分享他们的资源、资金或资本创造、聚集并积累了一种全新的社会资本形式，而不是传统意义上的产业资本或金融资本。事实上，社会资本由来已久，只是在资本主义时代我们将关注点更多地放在了市场和政府之间的二元权力关系上，而忽略了社会资本的重要价值。如果没有社会资本的持续补充，市场和政府所发挥的作用将微乎其微，甚至因为无法获得足够的社会信任而彻底失去作用能力，社会资本是使命感、责任感、认同感、信任感和归属感的重要来源和人们建立联系的关键纽带。正是依靠社会资本的无形力量，很多潜在的违规行为发生的概率变得越来越小，这不仅仅是因为社会化网络会让违规者无处遁形，也还因为他们会因辜负社交圈中好友的信任而感到愧疚和自责。

对社会资本的系统关注可从布尔迪厄说起。布尔迪厄认为："社会资本是现实或潜在的资源的集合体，这些资源与拥有或多或少制度化的共同认可的关系网络有关，换言之，与一个群体中的成员身份有关。它从集体拥有的角度为每个成员持有，在这个词汇的多种意义上，它是为其成员提供获得信用的信任状况。"这也就意味着，社会资本体现的是资源，而资源则与确定群体的关系网络紧密相关。社会资本取决于个人联系的规模和这些联系中所含资本的容量或数量。投资于社会关系的目的在于把自我的、私有的特殊利益转化为超功利的、集体的、公共的、合法的利益、因此，通过社会资本，行动者也能够像通过货币资本或者金融资本那样获取经济资源。

也有研究者认为，社会资本是一种获取稀缺资源的能力。他们更加注重社会资本的拥有者如何利用已经建立的社会资本获取资源，如社会学家波茨就认为，社会资本是"个人通过他们的成员身份在网络中或者在更宽泛的社会结构中获取资源的能力"。这种能力不是个人固有的，而是个人与他人关系中包含着的一种资产，社会资本是嵌入的结果。波茨将这种嵌入分为两种类型，即理性嵌入和结构性嵌入。理性嵌入指的是双方对互惠的预期，它是建立在双方关系取得强迫对方承认的预期能力的基础上。但是，当行动的双方成为更大网络的一部分时，信任就会随着相互期待的增加而增加。社会资本的核心要件就是社会关系网络中的信任基础。法国著名哲学家罗素曾经说过，信任是建立在对另一方意图和行为的正向估计基础上的不设防的心理状态。个体是在群体中生存的，个体行动是在社会情景下做出的。个体行动的选择不仅仅考虑个人经济利益最大化，更多的是考虑整体利益的最大化。在群体内部，个人违反了群内规则，会导致声誉受损，会被贴上异类标签，进而导致互动过程中的不信任。一个守规则、讲规范的个体更能融入群体，被群体接纳。

随着对互联网及建立在此基础上的物联网的认识逐渐深化，人们越来越多地意识到，网络连接和技术创新创造了更多的社会资本，而不是金融资本，因为新的网络技术的逻辑有利于建立一种开放共享的民主化自我管理形式。新的技术体系赋予了用户更多的生产、传播、传输、营销和消费的权利，从而将经济民主化程度提升到了一个空前的高度，产消者之间的协同生产与协同消费正在孵化一种全新的激励机制，这种机制并不排除获取物质回报或货币利益的动机，但其逻辑前提和根本目的却是着眼于创造更多的社会福利和长远价值。在一个分布式协同的社群之中，数以亿计的个体通过公共分享使自己受益也使他人受益。在这种模式中，金融资本以及商品和服务的交换价值逐渐让位于社会资本以及商品和服务的协同共享价值，是社会资本而不是金融资本将成为起主导作用的激励要素，人们从资本主义乃至拜金主义中解脱出来，转而关注环境保护、社会责任、生活质量以及公共福利等一系列的非经济活动。

在资本主义时代对由富变强的财富数量的追求正在转变为共享经济时代可持续的生活质量的追求，衡量人生价值的标准也正在由物质财富、货币财富和金融资本转变为个人的社会归属感和社会责任度。可以说，全新的网络连接、价值理念和基础设施把经济发展史从资本至上、物质为王的阶段推向了一个对非物质化的协同共享利益的追求的新高度和新阶段。事实上，在物质水平达到一个临界点之后，金钱已经不再是改变个体行为方式的关键因素，相反，为营造可持续的高质量生活而协同共享的意愿以及对社会交往、集体权利和服务群体的认同会上升为决定性因素。例如，像微信、脸书、推特这样的社交工具以及越来越多的企业都开始通过构建一次次的有关节约能源、保护环境、关爱弱势等主题对话或营销活动，而倡导社会化协同的理念和行为，甚至像滴滴、优步这样的企业，其本身就与方兴未艾的协同共享运动互为因果。

但是，需要明确的是，共享运动虽然不是一场轰轰烈烈的政治运动，但其造成的深刻影响已经远远超出了一场政治运动的范畴，因为，以产消者为主要力量共享主义者和由投资者为主要力量形成的资本家群体之间的较量将重塑21世纪经济形态的关键特征，这种经济冲突的本质并不是政治冲突，而是更深层次的文化冲突，它将有可能重新设定人类文明在未来一段时期内的发展进程。

社会创业者

社会资本在互联网研究领域重新获得了广泛的重视，社会创业和社会创业者也随着共享理念的普及在经济领域焕发了全新的活力。“社会创业”一词由阿苏迦基金会的创始人德雷顿在20世纪80年代创造，之后狄兹又在《社会企业家的含义》一文中对该词进行了最早的定义。社会创业是指组织或个人在社会使命的驱动下，借助市场力量解决社会问题或满足某种社会需求，追求社会价值和经济价值的双重价值目标，最终实现社会问题朝着人们希望的目标改变。20世纪90年代以来，这种在全球范围内兴起的新的创业形式在公共服务领域被发现，并逐渐超越民间非营利组织的范畴，成长为一种不同于商业创业和非营利组织的创业模式，被认为是一种解决社会问题的社会创新模式。

社会创业和商业创业具有不同的价值主张。商业创业的价值主张是提供产品或服务，满足消费者的需求，创造经济价值。而社会创业的价值主张是从解决社会问题和满足社会需求出发，创造产品或服务，创造经济价值、社会价值和环境价值，重点是社会价值。这一观念的主要代表是格雷戈里·迪斯，他认为，社会创业概念包含两部分：一是利用变革的新方法解决社会问题并且为全社会创造效益；二是引用商业经营模式产生经济效益。

这样看来，这种全新的社会创业模式也恰恰符合当前共享经济的题中之意。也正因此，社会创业者群体迅速崛起并成为全新的协同共享经济时代自主创业精神的典型代表。在共享经济的大潮中，一方面他们积极地通过社会化媒介与其他社会成员互动，另一方面他们更多地关注并运用新思路、新方法、新模式去解决各种各样的社会问题。这同样也意味着，社会创业者其实是产品和服务的产消者（prosumer），他们以几乎接近于零的边际成本进行协同生产和协同消费，从而打破了资本家、劳动者、经销商和消费者之间旧有的角色定位。通常情况下，社会创业者们拥有以下特点：更高的精神境界和道德力量；更大的勇气、更高的智慧、创意、商业技巧；更乐于分享，他们与人分享的越多，就有越多的人支持他们；更勇于超越边界，勇于创新、打破常规，建立非主流族群和团体；更甘于寂寞、埋头苦干，他们得到承认时，往往是在默默工作了多年之后……

物联网和3D打印技术的快速发展带来了生产制造的民主化，任何一个产消者都可以方便快捷地获得生产资料并完成产品的生产，这使得生产资料的所有者和控制者以及与之相匹配的资本主义生产关系不再举足轻重。相比起集中的和专有的生产资料及生产方式，社会创业者的崛起则是建立在分散的、社会化的生产资料和生产方式基础之上的民主化经济生活；相比起资本主义时代强制实现的机械化大规模生产，共享经济时代的生产则是依靠群众在自己的家园中完成的。新的生产模式不是大规模生产，而是

案例：傻瓜理财的社会化理财模式

傻瓜理财网邀请几千名投资高手、理财专家在线为普通个人投资者提供咨询服务，帮助投资者解答理财中遇到的困惑与问题。这些专家均为独立理财顾问，不依附于任何金融机构，保证了他们在给予建议的时候的中立性与客观性。该公司站在“互联网+”风口上，全力打造一个安全、高效、稳健、诚信的社交化投资理财平台。秉承与投资者、合作伙伴及员工相互依存，共同增值、共赢发展的基本使命，致力于成为名列行业前茅的互联网金融创新公司。

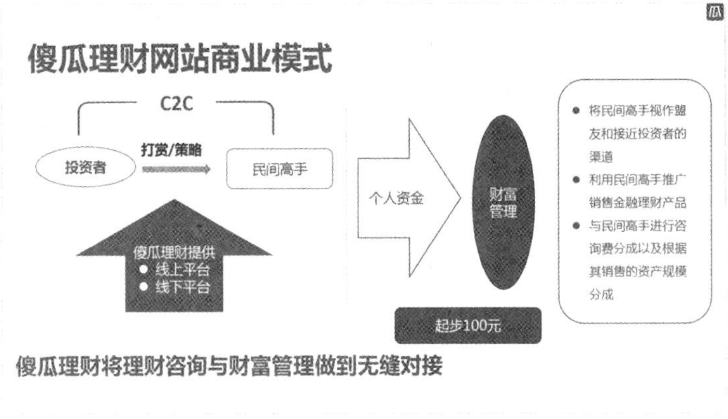

实现人民群众的民主化生产。在协同共享时代的社会创业者，更倾向于把自己看成积极的参与者和产消者，而不是被动的车间工人或劳动者；更倾向于把他们的付出和能力看作是个人才华的展现，而非简单职业技能的应用；更愿意在社会化的媒体或网络中贡献自己力量，而不是为了货币资本或交换价值从事枯燥刻板的劳动。

而在这个过程中，社会创业者创立和经营企业所需要获取的资源和资本也对社会资本有着高度的依赖性。社会创业者通过P2P 的方式实现资本众筹而创立公司，甚至在很多全新的领域中出现了某种形式的社会货币。从商业模式上看此类众筹更像是最终消费者的预购。以国内的众筹网和追梦网为例，它们通过项目的形式进行个体筹资，用文字、图片、音频、视频等形式介绍项目并预先设置目标金额、结束时间及回报形式，放到网站上供网友浏览。网友对自己感兴趣的项目进行资金支持，若项目在规定时间内筹集的金额未达到规定，所支持的款项将全额退回。从社会资本的角度来看，社会资本是公民自愿合作以解决集体行动问题的基础，社会资本包括了公众参与的网络、互惠的规范和信任。众筹网站以兴趣为基础、网络技术为支持，将人们的社会联系和公民参与从本地的、群体性的紧密组织转变为空间分散、联系松散的社会网络。数字技术重建人们的社区意识，网络将远近的亲朋好友都联系起来，为具有相似兴趣的人提供超越时空的交流场所，产生一种新的社区形式。

在这个社区中，粉丝成了推动项目得以快速发展的主要力量，因为一旦他们参与进来，就会有动力去号召他们的朋友也参与进来，以确保项目融资目标的实现。虽然目前全球范围内股权众筹的发展形势并没有完全获得各国政策的大力支持，但是未来共享经济领域最具潜力的一个发展方向还是在以粉丝为基础的股权众筹领域。与预购或者投资一个产品不同的地方在于，支持者们是在投资一家公司。其理念是允许一家公司的粉丝购买这家公司的股份，就如同你在股票市场上购买某个上市公司的股票一样。你拥有众包所有权的一部分。你所拥有的每一股都是整个企业的一小部分；由公众股份筹来的资金将会用于开展公司业务。如果这种情况能够在全球各地变为现实的话，那么我们每一个人都可以成为某种意义上的社会创业者，也就是说——人人都是创业者，人人都是参与者，人人都是共享者，人人都是企业家。同时，人人都在支持那些有想法、有创意、有能力、有潜力成为更伟大的企业家的社会创业者。

理想状态下公司应从自己的消费者那里融资，然而现实中财大气粗的养老金基金和对冲基金才是公司股份的大买家。但是对于有风险的创业公司、单打独斗的创作者、疯狂的艺术家，或者是在车库里的两个小伙子而言，他们负担不起这繁重的文案工作和层层的金融官僚审批程序。每年只有寥寥几家资金充足的公司才有机会 IPO（首次公开募股），而且还要花大价钱请律师和会计人员对业务进行内部审计。如果存在一个开放的 P2P 机制，使得任何一家公司都可以（在一定监管下）将其所有权股份向公众发行，那将给商业带来革命性的改变。正如众筹能够使数以万计的新产品得以问世一样，新的股权共享模式也会催生出数以万计的创新企业。到那时，共享经济将会包含所有权共享。在由这种众筹形式构建的网络社区中，参与者不但共享了无形的兴趣、创意和梦想，而且共享了他们的金融资源以及货币资本。

共享金融的未来

沿着金融资源和货币资本在社会化网络中实现共享的这一思路和目标，“共享金融”的概念应运而生。所谓共享金融，就是通过大数据支持下的技术手段和金融产品及服务创新，构建以资源共享、要素共享、利益共享为特征的金融模式，努力实现金融资源更加有效、公平的配置，从而在促使现代金融均衡发展和彰显消费者主权的同时，更好地服务于共享经济模式壮大与经济社会可持续发展。共享金融既包括有效支持共享经济发展的新金融模式，也包括金融自身的可持续、均衡、多方共赢式发展。共享金融一石激起千层浪，迅速在金融领域引起了热烈反响，之所以这个概念广受关注，是因为在资本主义市场经济体制内，资本和金融作为一种资源，其分配不均衡已经远远超出了马克思在《资本论》中的描述。迄今为止的金融创新在应对收入不平等方面可谓乏善可陈，甚至带来许多不利于中低阶层的财富再分配。

法国经济学家托马斯·皮凯蒂新作的《21世纪资本论》对经济资源尤其是金融资源的分配不均衡进行了翔实的描述。这本被誉为向马克思《资本论》致敬的著作，试图通过经济分析和大量数据重新理解经济发展的历史进程，解释在较长的历史阶段收入和财政分配的演进过程和特征，由此汲取经验。诺贝尔经济学奖获得者保罗·克鲁格曼在《纽约时报》连续发表评论，称这本书是"最近十年来最重要的著作"。

皮凯蒂的著作渗透着追求平等和团结的精神，他对穷人、被剥削者和弱势人群表现出了深刻的道德责任感。他的信念主要体现在该书的内容中，在叙述语气里也有所反映。他给人的印象不是一位枯燥的学者，而是被千百万人的遭遇所感染、为不劳而获的财富带来的奢华生活而愤怒的性情中人。皮凯蒂的著作聚焦于收入和财富的不平等分配上，其中又重点关注来自资本的收入和对财富的占有，尤其是顶层1%人群的资本收入以及豪富阶层的财富状况。如果放任这种不平等的状况自流，纯粹资本主义（即以私有制为基础的自由市场经济）天生具有一种使财富和收入分配的不均等程度加剧且得到无限持续的长期内在趋势。在这种长期趋势中，核心机制是资本报酬率大于经济增长率（$r > g$）的必然性。

在这本书的最后，皮凯蒂还有一个激起人们极大兴趣的推论，或者说是一个大胆的猜想。那就是——21 世纪可能恢复到 19 世纪末和 20 世纪初的社会分配形态，那是一个高度不平等的社会形态，差异仅仅在于，20 世纪初是一种典型的“超级世袭资本主义”，而 21 世纪则可能是“超级世袭社会”和“超级精英社会”的机制共同发挥作用的资本主义。作者认为，综合考虑相关因素的趋势，从纯粹经济逻辑来看，21 世纪的不平等极有可能继续加剧，重新达到甚至超过历史最高水平。该书给许多读者带来对资本主义制度进行全面分析的期望，不止是因为其书名，其副标题表明关注的核心问题是分配：“让分配问题重新回到经济学研究的中心。”皮凯蒂发表的总结该书主要观点的文章表达了同样的意思：“把分配问题放回经济学研究的中心。”

共享理念和共享经济的大行其道，恰恰是把着力点放在了分配问题这一经济学研究的中心问题上，它通过使用权与占有权的分离强调了闲置资源的优化配置和高效利用。这种共享型的发展道路，无论从收入分配、要素的配置、市场主体的协作共赢上，都要求一个全新的发展模式，这是整个经济社会发展的一条全新道路，意味着过去那种两极分化、只重视速度不重视质量的状况必须要得到解决。实际上，如何真正使得企业部门和居民部门中的“弱势群体”，真正享受更加合理的金融服务，得到自身应有的金融权利，成为共享金融的重要突破点。

共享金融类似于共享经济，比如滴滴打车就是共享经济的产物，私家车也可以像出租车一样运营了；你有房子，有几天外出，可以拿出来出租给外地游客；同样的道理，你有闲置资金，最近一段时间不用，也可以借贷或者投资给社会创业者和共享企业家。共享金融理念，实际上一方面是强调要服务于共享型的经济发展道路，另一方面，因为金融自身过去出现了一些不可持续性的问题，出现了一些自我膨胀的矛盾，因此也要强调金融自身的可持续均衡、多方共赢式的发展。

当前，金融共享主要分为三个层次：居民、企业等金融资源的供求个体间的金融共享；居民、企业等金融资源的供求个体与金融机构间的金融共享；金融机构间的金融共享，包括同业的和跨业的。而未来的共享金融发展的目标就是人人都是银行，人人都是金融家。金融的供给方与需求方之间没有任何中介，因为中介会篡改信息，未来共享金融就不会出现篡改信息的情况。当然，相较于互联网金融这一随着互联网技术催生的全新业态，共享金融的内涵更为广泛。对于共享金融与互联网金融的关系，有专家学者提出：互联网时代，把当前这一时代共享金融的特征“戴上互联网金融的帽子”，互联网金融体现出的是共享金融的核心理念。2016 年 2 月，中国人民银行金融研究所所长姚余栋在其新书《共享金融》中说道，与当前“如日中天”的互联网金融相比，共享金融更体现了长期、深层的金融模式与功能变革。短期来看，互联网信息技术冲击下的金融运行，其真正的价值所在正是共享金融的突破；长远来看，无论技术自身怎样变革，金融的最终意义都在于摆脱自我服务的“毁灭之路”，重新回到与实体共享互助的轨道上。

当然，共享金融并不是共享经济时代金融和资本发展趋势的唯一道路。任何货币、资本以及金融的存在都是建立在信任和信用的基础之上，它之所以能够运行，是因为我们都认同它所代表的价值。因此，从更广义上来讲，资本和金融并不必然意味着它必须是货币，它还可以是任何有价值的其他资源，比如时间、技能和劳动等。如果能指定价值，就可以和其他有指定价值的东西进行交换。互联网已经支持各种价值的交换，并在帮助人们衡量和交换这些价值。从理论和逻辑角度看，互联网及其互联网上的所有内容都将被赋予一种价值。一旦拥有了价值之后，实际上所有东西都可以变成钱，货币本身将消失。

这样的事情已经在 Facebook Like 和 Google's + 1 按钮上崭露头角，基于注意力和喜爱性的微价值有朝一日会发生改变：一单位 Facebook Credit 值多少 Likes？一单位 Ven 价值多少 Credit？货币和所有其他物品之间的界限越来越模糊，这将对人、人际关系乃至实体经济产生什么影响呢？这是一个亟待思考的问题。我们正在经历一场创造并衡量价值的巨变，这种变革在过去 600 多年中不曾有过，600 多年前出现了第一批系统的国家化货币。它将深刻影响价值的中心控制和分布式控制，以及衡量价值传统原型。今天它是一个雪球，但明天它将成为一场雪崩。这是共享经济和共享金融已经触及的问题，社会资本的概念向深度和广度进一步延展的意思就是，一切有价值的资源皆是货币或资本。但是即便如此，这样的结果或许已将远远超出了共享经济和共享金融的范畴。

第九章

共享品牌资产和品牌文化

共享品牌

在共享经济时代，企业在塑造品牌的过程中必须意识到，他们创造的是值得记忆的服务和体验经历，而不是某种商品。不幸的是，很多公司往往把太多的注意力放在了产品外观和品牌宣传上；但是，从用户的角度而言，一切构成体验的东西——技术、材料、服务支持或供应链等，都成为体验背后的魔法。然而我们的很多企业关注与面向的东西却和用户的角度相反，这些企业围绕着功能与运营职能做计划，用户体验和共享文化成为这些东西组合方式的一个副产品，没人把它放在心上。在工业制造经济的全盛期时，重要的东西是品牌。而现在共享经济盛行的当下，由于我们基本上已经变成共享服务经济社会了，所以关注焦点也要向服务体验和品牌社群转移。这才是共享型公司的精髓所在：把技术、基础设施以及复杂性隐藏在精心设计的共享服务和用户体验背后，这才是真正的品牌共享的本质。

品牌开源运动

说到品牌开源运动，凡客诚品的案例是我们绕不过去的一个经典。尽管给人的感觉这个案例已经年代久远了，而且如今的凡客也已经不像当年那样大红大紫甚至已经可以说是明日黄花了，但是，尽管已经过去了六七年的时间，我们却几乎再也没有遇到能够超越“凡客体”这种几乎人尽皆知的品牌集体共享和集体娱乐的事件了。

2010 年凡客诚品邀请作家韩寒、演员王珞丹出任凡客诚品（VANCL）的形象代言人。韩寒版的品牌广告语为“爱网络，爱自由，爱晚起，爱夜间大排档，爱赛车，也爱 29 块的 T-SHIRT，我不是什么旗手，不是谁的代言，我是韩寒，我只代表我自己。我和你一样，我是凡客”。王珞丹版广告语为“爱表演，不爱扮演；爱奋斗，也爱享受；爱漂亮衣服，更爱打折标签。不是米莱，不是钱小样，不是大明星，我是王珞丹。我没有什么特别，我很特别，我和别人不一样，我和你一样，我是凡客”。这样个性鲜明的凡客体在豆瓣网、开心网等 SNS 网站上掀起了山寨狂潮，包括黄晓明、郭德纲、小沈阳、曾轶可等在内的数百名各路明星被恶搞。据不完全统计，当时有2000多张“凡客体”图片在微博、开心网、QQ群以及各大论坛上疯狂转载。此外，也有不少是网友个人和企业自娱自乐制作了“凡客体”。

尽管当时的2010年国内几乎还不清楚共享经济为何方神圣，也鲜有人提及协同消费或者品牌共享的概念，但是凡客诚品本身对于这种模仿、娱乐甚至略带嘲讽的用户内容生产行为的默许抑或纵容，却在很大程度上开启了国内品牌开源运动的先河。而凡客也恰恰因为这种消费者的积极参与，迅速蹿红并成为当时名噪一时的年轻时尚品牌的代表。这则品牌广告的文案作者、前奥美广告公司的创意总监邱欣宇表示：“在当初策划的时候，通过研究和剖析VANCL两位代言人（韩寒、王珞丹）的特质和品牌的诉求，认为两人都是属于80后靠自我奋斗、努力获得成功的代表，他们的个性既符合现代年轻人的成长心态，也能和VANCL品牌进行很好的融合。”凡客诚品品牌管理部相关负责人称：“‘凡客体’的出现的确帮我们省了一大笔广告宣传费，但这事真不是我们做的。公司员工也是在玩开心网、人人网时，才意外发现这个东西竟然莫名其妙地火了。”

本质上讲，凡客诚品通过品牌塑造以及网络传播为用户提供了一个话语平台，这种品牌是建立在社群运营的基础之上的，这种社群共建共享品牌的力量，远远超过了商业广告的力量。事实上，共享经济的旗手Airbnb在短短两年之内快速建立起了其品牌影响力，也主要得益于来自全球115个国家85000名用户的病毒式传播，而不是借助于传统媒体的广告，尽管他们也接受了很多传统媒体的采访。无论是凡客诚品，还是Airbnb，它们的品牌气质带给用户的更多的是一种精神上的认同——我是谁，我渴望什么？随着品牌的发展，它的粉丝会逐步产生更多的品牌归属感，因为用户会觉得是自己参与到了品牌的建设中，并推动和见证了品牌的发展历程，而不仅仅是过去企业品牌传播时候的自说自话。

如今，越来越多的企业正在把它们的品牌聚焦点从产品转向粉丝社群的建设和运营方面。例如，与十年之前相比，Nike花在传统广告和名人代言上面的费用降低了55%；而另一方面，耐克则在社会化媒体和互动化应用方面不断加大它的投资。Nike+是耐克公司研发的一系列健康追踪应用程序与可穿戴设备的概称，包括Nike+Running、Nike+iPod、Nike+Move、Nike+Training、Nike+Basketball等手机应用程序以及Nike+Sportwatch、Nike+Fuelband、Nike+Sportband等穿戴式设备。Nike+跑鞋通过无线nike+iPod运动组件与iPod实现信息互通，将Nike+运动鞋与iPod连接后iPod就可以存储并显示运动日期，时间、距离、热量消耗值和总运动次数、运动时间、总距离和总卡路里等数据，使用者可以通过耳机或安装iTunes的电脑来了解这些实时数据。这样，来自全球的用户都可以上传跑步路线、在地图上设置路线、提供跑步建议并鼓励其他的跑友参与跑步活动、记录跑步计划的执行过程、下载跑步音乐并邀请线下的其他跑友一起参与跑步。一方面，这无疑大大提升了运动的趣味性和可坚持指数，另一方面，Nike 本身也收获了源源不断的用户数据。此外，Nike 还建立了 Nike + API 开发者入口，为他们提供工具和相关资源，并允许其共享 Nike + 的健康和运动数据，从而开发出属于自己且能摸准用户需要的 app。

Nike + 从 2006 年推出至今，经过多次升级，已经从一个简单的记录跑步里程的工具成长为一个全球运动爱好者分享经验、进行挑战、相互鼓励的数字社区。这样，Nike + 就形成了一种跑步文化，而 Nike 品牌本身则成了跑步文化的承载中心。Nike 全球品牌总监查理·邓森说："用户想要成为某一社群中的一员，不管是虚拟社区内还是现实生活中的社群，他们想要在某件事情当中找到存在感，他们渴望参与。"而事实上，这种参与感能够带来用户对品牌更高程度的认可和忠诚，那些加入了 Nike + 的用户更倾向于购买 Nike 品牌的更多装备。但是这种品牌塑造的方式已经远远不同于过去通过媒体广告来塑造品牌的方式，这是一个品牌共享的全新时代——人们不再通过身着印有 Nike 商标的衣服和鞋子来定义自己的身份，而是通过参与某一类型的事件来表达自己对某一品牌所体现出来的文化的认同。品牌的重要程度和关键角色不会在共享经济时代消亡，但是品牌建设、经营和传播的方式必须顺应共享经济的大潮而做出根本性的转变。

2016 年 7 月，Nike 又在拥有 140 多万开发者用户的 GitHub 上推出了三个开源项目：JSON 解析框架、用于 Java 语言的分布式追踪解决方案，以及用 Swift 编写的轻量级日志库。此外，该公司还开源了 Nike 开源网站的代码。这种不断尝试开源的做法令业界和用户都十分称道。有国外媒体从业者分析认为，此次开源至少能帮助 Nike 刷新自己的品牌形象——我不是老古董，我“科技着哪”！而通过这一举动，不少技术大牛都会注意到它，最后，如能得偿所愿，耐克可以为自己积累一个“技术人才小金库”，为下一步的革新提前做好准备。任何想要参与到 Nike 开源项目中的个体都有机会参与进来，这是人类商业合作历史上的一次重大突破，这种开源式协同创新的全新品牌形式给传统的工业企业及其品牌带来了革命。《连线》杂志的主编托马斯·戈兹认为，与传统工业化生产相比，开源给社会带来了更大的变革。

除了 Nike 之外，许多非传统品牌都已纷纷开始推出开源项目。例如，沃尔玛、Target、百思买，甚至是 Nike 的竞争对手阿迪达斯，都在 GitHub 上面创建了账号用于分享项目。企业之所以纷纷发布开源内容，很重要的一个动机是为了通过共享的理念、思维和做法提升品牌在共享经济时代影响力。与过去基于“我”为中心的高消费主义不同，参与到品牌开源运动的企业越来越多地意识到构建一种基于“我们”关系的协同生产与协同消费系统

案例：品牌传播第一众包平台

传播管家是品牌传播第一众包平台，致力于将企业的传播需求与传播技能提供者完美连接。这是一个属于品牌传播者的世界！平台包括“客官”与“作客”两部分，企业/个人客官可以在平台上发布营销需求寻找写手，记者/自媒体人/自由撰稿人，可以将自己的写作能力变现。

“传播管家”是帮助企业主找到符合自己要求的写作者的平台，它连接两方，一方是企业，一方是有写作能力的写作者，这些写作者包括记者编辑、自媒体人、文案人员等。这个平台会在一端整合上万家企业主，保证需求的足够，另外一端融合上万的写作者，保证供给的足够。

首先企业可以在平台上发布写作需求，如主题、核心信息、风格要求、发布媒体、字数、参考资料、稿酬、是否配图等。这个写作需求并不会对平台所有的人开放，系统会智能匹配给符合要求的写作者。如企业一共需要撰写3篇稿件，系统抢着给6位该领域的写作者，最终选择3位来进行撰写。但在发布需求之前，企业已经将该写作的稿酬打到平台的托管账户上。

所以，入驻平台的写作者在注册的时候首先会丰富自己的个人资料，包括简介、经历、擅长领域以及过往写过的代表作，如果有公众号或者专栏，也一并标注上。这有助于平台及企业主判断是否符合撰写要求、是否要把写作需求推送给这位写作者。

当写作者收到写作需求的时候，可以自行判定是否应标，从自己的时间、领域或者稿费标准来判断（稿费标准由企业主来提供，平台会给到建议的行业标准）。写作者不应标，拒绝即可。如果应标，企业主会在应标的写作者当中选择几位来定标。此时交易达成，写作者按照交稿时间提交稿件。经过几轮沟通修改之后，企业确认稿件，平台将稿酬打给写作者以结束整个需求。

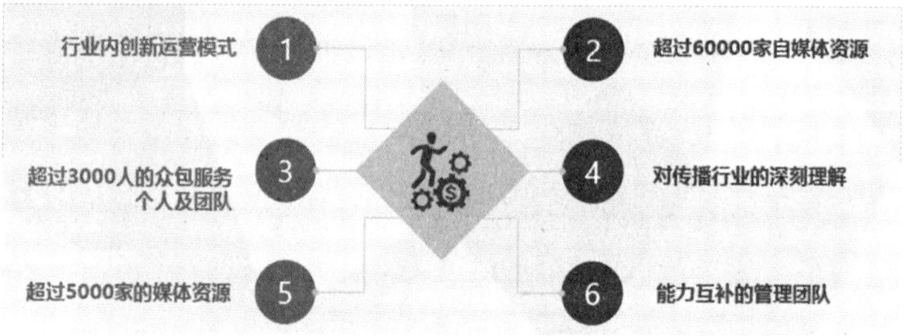

的重要性。在过去，企业的品牌传播和市场营销部门是通过商业广告的行为来诱导消费者购买更多的产品，企业通过品牌塑造行为帮助用户定义了自己的身份，彰显了自己的社会地位。但是今天，越来越多的企业在进行品牌重塑的时候正在触摸到人性深处的基本需求和动机，从而引导着用户追求可持续发展的价值，并为企业自身的品牌带来了更高的忠诚度和黏着度。通过品牌社区的建设和协同消费的引导，形成了品牌线上线下的口碑传播，只不过这种品牌建设更多的是通过社区的互动行为，而不是购物和消费行为。因此，在共享经济时代的品牌共享实质上是将话语权转向了消费者，这种趋势是协同消费和共享经济的核心，这意味着用户开始自己决定选择什么样的产品和服务了。

品牌即社群，用户即粉丝

共享经济时代的品牌共享实践不同于以往传统媒体商业广告的线性传播，它更多地表现为一种社会化、网络化和口碑化的传播，如何打造品牌社群和进行粉丝经营则成为共享品牌要着重思考的问题。在共享经济时代，社群就是品牌，粉丝就是用户。

在全球范围内，毋庸置疑的事实就是，乔布斯是粉丝经济的创始人和集大成者。在学习了乔布斯的饥饿营销之后，小米用2013年上半年的时间就创造出了2012年全年的业绩——总共售出703万台手机，仅上半年营收就超过2012年的126亿，达到132.7亿元人民币。2015年Strategy Analytics给出的数据显示，第一季度中国智能手机总出货量约1.1亿部，其中小米的出货量是1400万部，位列第一。苹果和华为位列2到3名，其中前者出货量是1350万部，后者是1120万部。而“为发烧而生”的品牌诉求，更是把小米手机粉丝经济的本质暴露无遗。连小米的首席产品经理雷军自己都说，小米的成功的秘诀之一就是“粉丝经济”。

2013年8月，“罗辑思维”公众平台已坐拥50万粉丝。当月，它的微信公众号推出微信会员收费制度，短短6个小时5500名会员就被抢光，创收160万，开创了微信公众号的一个神话。

这就是粉丝经济。凯文·凯利有一个著名的1000个铁杆粉丝定律：任何创作艺术作品的人，只需拥有1000名铁杆粉丝，也就是无论你创造出什么作品，他/她都愿意付费购买的粉丝，便能糊口。当然，这里的1000是个约数，但是，它却暗示了在今天全新的商业时代，粉丝的重要性。对于品牌而言，铁杆粉丝定律同样重要，这种新的粉丝经济的规则我们可以简单概括为：粉丝（注意力）聚集的地方，品牌就会备受关注。这就是你所需要知道的关于粉丝经济的全部东西。现在的品牌想要持续成功，你就必须能够持续吸引粉丝们的眼球。一旦赢得了他们的关注，品牌影响力就会随之而来。购买和消费只是粉丝们认可自己眼光的一种度量，他们“想要参与这种品牌文化”——这是一种强烈的关注形式——然后他们用消费和购买来满足自己的这种参与需求。

传统的工业时代的物质经济是以需求为动力的，而共享经济的粉丝经济是以追求共享理念和共享行为为动力的，所以，在共享品牌的思维下，以“物质需求”为方向的传统商业模式要转变为以“价值追求”为方向的全新的商业模式。这种全新的粉丝思维，是传统企业在转型做共享经济的过程中必须要脑补的一课。

不具备粉丝思维的传统企业，未来将寸步难行。

粉丝经济本身是一种社群经济，它并非面对所有用户，而是在某个特定领域有共同价值认同和情感归属的人群，围绕某个中心点产生连接，进而对这个中心节点而产生的“包养”及周边经济活动。这是一种非常典型的社群思维，企业产品或品牌必须先通过社交建立起自己的粉丝群，然后才可以在市场上占据席位。反之，如果没有粉丝，那么在未来必然没有市场。

光有粉丝和社群还不够，企业还必须引导用户参与到品牌的建设过程中来。为什么有些人或者企业粉丝数量不少，却远远达不到如此大的影响力呢？答案的根本就在于粉丝参与，这个群体活跃度直接决定粉丝能够带多大的增值能量。而要想通过粉丝带来如此大的增值，当然还需要粉丝形成稳定的连接结构和持续的情感忠诚度。粉丝喜欢一个人或品牌，往往都是基于情感方面的，甚至是不理性的、无条件的喜欢或是爱。所以粉丝的核心在于情感，品牌的塑造要从情感上去征服用户，它所创造的一个就像 Nike + 那样的“价值感应场”，让粉丝们如沐春风，觉得找到了家。粉丝经济的形成是基于价值认同和情感归属，并非对产品本身的强需求。很显然，粉丝经济满足的不是生理需求，甚至也不是物质需求，而是马斯洛所说的安全感、情感和价值需求，是社会在脱离了基本的生存危机后自然形成的需求，有其必然性。

像许多其他共享经济的典型案例一样，无论什么企业要想真正践行共享品牌的理念，就必须将社群思维和粉丝思维作为一种全新的基因植入企业和品牌的肌体之中。只有这样，品牌的消费者才可能不再仅仅只是简单的消费者，他们摇身一变成为社群或者社区的会员了。就像加入一个传统的俱乐部一样，它们能够享受到品牌带给他们所有的服务、价值、文化和体验。社群就是品牌，而品牌的主人则是这个社区最基本的构成元素——粉丝。在竞技运动中，当球队取得胜利的时候，球迷会自发组织起来为队员举行庆祝仪式。同样的道理，在共享品牌方面，当品牌取得了里程碑式的发展时，那些忠诚的粉丝也会通过线上线下的活动组织起来进行庆祝和交流，就好像品牌是他们自己的孩子或者是他们所追的明星那样。这种共建共享的品牌要时时刻刻记得投资自己的粉丝社群。与传统品牌的不同之处在于，共享品牌不是对用户进行单向度的宣讲，而是通过多渠道聆听用户的需求并即时与用户保持互动关系。我们提到的包括乔布斯、雷军、罗胖等在内的所有共享型品牌的创始人，都在通过社会化媒体平台与用户进行交流和互动，因为对于品牌而言，创始人并不是它的垄断者、独占者或者统治者，他只不过是一个品牌社群的发起者，而参与其中的所有用户或粉丝，才是这个品牌真正的主人。

参与感与品牌体验

有国际问题专家将中国与非洲的关系打了一个比喻：“任何

国家都需要交朋友，朋友之间需要经常的走动，就像走亲戚一样，习书记也好，李总理也好，去非洲是走亲戚去了。”事实上，共享经济时代的产品或品牌与用户、消费者尤其是粉丝之间的这种关系也像是朋友或亲戚关系，需要经常走动走动，因为，产品或品牌是作为死物而存在的，人与物之间如果缺乏丰富的情感延展和深层次的情感互动，就无法持久保护粉丝与品牌的情感关系。所以，互动是维系品牌与粉丝之间情感连接并实现粉丝和消费者相互转化的重要手段。

在小米的体系中，粉丝在小米产品和品牌中的角色作用，可以分为三个级别：第一，明星粉丝，被称为“荣组儿”（荣誉开发小组成员），能够参与公司新产品的开发、试用和决策；第二，疯狂的米粉，是中坚成员，多为互联网时代的年轻人，是小米公司的主要利润来源；第三，广大普通用户。这三层用户并非截然分开，而是形成了中层用户仰慕顶层用户、底层用户追随中层用户的良性循环，最终让所有用户拥有共同的边界特征——米粉。“米粉”是小米活跃用户群体的总称，他们积极参与到小米的产品研发和品牌塑造等各个环节中。小米通过自己的产品和营销，创造了米粉，这其中有脑残级别的米粉，也有理性的米粉，这些粉丝才是小米最得意的作品。粉丝经济效应出现后，有的企业也看到了其中的价值，但他们恰恰做反了，在开始做用户互动之前就刻意策划设计了粉丝群体的各种活动，反而让用户失去了至关重要的参与感和体验感，这并不可取。

这时候，企业通常需要做的就是重新设计品牌体验。当用户需求有更高的期待时，企业的品牌传播活动必须根据需求变化重新设计自己陈旧的产品与品牌了，企业必须面对用户需求与行为模式变化而主动进行变革。对于很多企业来说，在它们的产品与服务体系中，可以为用户创造惊喜的地方有很多。需要记住的是，品牌体验的优化无止境，一切都存在于用心与细节之中。例如，创办于2008年11月的全球首家“对等”汽车共享服务网站RelayRides在设计品牌体验的时候，面临的问题是，什么样的系统才是用户使用起来最方便的系统，如何避免汽车使用者和提供者两人之间频繁的线下见面来交换钥匙？RelayRides的团队设计了一个GPS装置，安装在每辆汽车的仪表盘上。有了这个装置，得到车主授权的用户可以自己打开车门，但是如果用户没有预定的话，装置就会轻易识别出来并锁死发动机。Zipcar则发布了一款APP，用户可以通过苹果手机直接开锁，连刷卡和钥匙都不需要；当用户找不到停车的具体位置的时候，这款APP还可以让汽车鸣笛以提示用户具体位置。在共享经济时代，品牌本身的重要性和关键作用并没有发生变化，发生变化的是用户的消费行为模式和品牌体验模式，用户希望企业能够根据自身的需求塑造品牌形象和品牌文化，最好还能创造出超预期的体验。

品牌开源运动或者品牌共享行动的核心就是创造一种用户主

导、用户参与、用户至上的体验感。用户对某一品牌的认可和消费，本质上是在体验某一种文化，使他们流连忘返的不仅仅是消费或者消遣，更是一种让人难以忘怀的体验和回忆。如前面的章节所述，共享经济时代的很多有形商品的制造商都在将他们的商品服务化或体验化，这样就会慢慢使他的商品活起来，慢慢地给自己的商品添加某种服务以增加使用这些商品的价值，再之后还可能会对那些服务附加一些体验从而让使用这些商品变得令人难忘。这也在根本上要求企业的品牌文化必须适应企业商业模式的变化而做出相应的调整。当最终创造了一种强调共享理念下的服务调性和文化体验的品牌之后，用户就会蜂拥而至并且会沉浸于对于产品的体验之中，想想都市青年们对滴滴和优步这种共享出行方式的依赖，想想全球旅游爱好者对 Airbnb 那种如痴如醉的状态，很多传统品牌就会明白为什么共享自行车应用 B-Cycle 要花费巨大力气把它的系统设计的那么有趣、有吸引力，甚至比人们独自占有一辆自行车更有意思。因为，我们在生活和工作的时候都越来越注重品牌服务、文化体验和协同消费了。

共享经济时代的商业模式正在从提供商品向提供服务转变，用户需要的不是汽车而是出行服务，不是酒店而是住宿服务，不是洗衣机而是清洁服务。意识到这一点，品牌塑造就可以通过各种服务元素的注入和体验形式的构建，轻易地把一些看似平凡的商品变成一种让消费者难以忘怀的服务体验和品牌体验。这样，品牌本身也从无形的内容变成了可以观看、触摸、品味、感受的服务。20 世纪 80 年代以来，家用洗衣机的数量以一种令人惊愕的速度在增长，人们也逐渐不再接受共享公共洗衣店的理念，越来越多的洗衣店倒闭。但是实际上，平均每台家用洗衣机每周使用次数只有 4 到 5 次，这是一种极大的资源闲置或者浪费，而且从共享洗衣服务到购买家用洗衣机的社会转型给地球环境带来了严重的负面影响。但是在共享经济时代，越来越多的企业逐渐意识到提供服务和提供体验（洗衣体验）比单纯提供商品（洗衣机）更加环保、节能且符合共享经济的协同消费潮流，于是，正在消失的洗衣店品牌通过共享经济的思维摇身一变，焕发出更强大的生命力和更迷人的吸引力。

法国 Le Cafe Laverie 洗衣店将自助洗衣与酒吧、咖啡厅融为一体，让前去洗衣的顾客，在等待的过程中享受消遣休闲、聊天交友等活动，结识其他前来洗衣的顾客。这里还会定期举办不同主题的派对活动，确保气氛活跃而不闷场。欧洲的著名连锁自助洗衣店品牌 Laundromat Cafe，早已风靡丹麦和冰岛，这个看上去仿佛有些像书吧的洗衣店，墙面上贴满了世界地图。在等候洗衣的过程中，顾客可以一边查看地图、让眼球游遍世界各地，同时还伴着美味的咖啡。当一袋脏洗衣清洗完毕、清新出笼时，你会突然感觉自己的身上也溢满了浓浓的书香。挪威奥斯陆的 Cafe Laundromat 自助洗衣店，不仅为顾客提供舒服的洗衣服务，还提供各式各样、琳琅满目的冰爽啤酒和冰镇饮料，以及温馨时尚的酒吧氛围，让你不知不觉也想带着脏衣服走进来，而且一坐就不想走了呢！美国纽约的 the Wash House 就是一个装修浪漫休闲的场所。老板 Veronica Kerzner 告诉媒体记者，他之所以有如此创意，源自于纽约的年轻男女长期忙于工作而无法结识新朋友，太多单身男女缺乏交友接触的机会，他希望这些年轻人借助店内有趣的标语和装潢，相互搭讪，沟通交流。

现在，很多企业都在有意识地以服务作为舞台，以商品作为中介来使消费者融入品牌文化体验当中去。产品是可以加工的，商品是有实体的，服务是无形的，而用户体验则是难忘的。因此，无论是新型共享经济的独角兽们还是正在转型的传统企业，实际上都转变成了一种品牌体验的策划者，它们不再仅仅提供最终的商品，而是提供最终的服务体验和品牌经历。因为生命中最美妙的东西并非物品，当品牌体验的策划者和展示者的工作消失的时候，体验的价值却恒久弥留。而这种品牌体验，必须要每一个用户亲身参与进去才能感受得到，从这个意义上讲，品牌不是企业或者用户单独一方的，而是双方共创、共建、共享、共赢的一个互动工具。企业在塑造品牌形象和品牌文化的过程中，必须致力于改善用户在品牌体验过程中或接受服务时所处的环境和氛围，或者引导用户参与甚至流连其中，以便将这种服务转化成难忘的品牌文化体验。品牌体验不仅仅是要娱乐消费者、取悦消费者，而且要使他们参与其中，与所有人共享这一品牌带来的超预期体验。

品牌文化是一种协同工具

克莱·舍基的畅销书《认知盈余》曾经讲过无形学院的故事。在英国著名化学家罗伯特·波义耳 1646 年和 1647 年写的两封信中，描述过伦敦小酒馆中的午餐会，当时尚无正式的期刊出版，科学家总是把自己的研究成果写成书籍，而且透过私人通信、书店浏览和私下传阅等方式来进行交流。波义耳把这种学术交流与共享行为称为“无形学院”，成员们会将自己的方法、假设和结论都分享给其他的成员，不论实验成功与否，所有成员都能够从中获得进步。这样，无形学院的成员们都能够接触到群体中的集体知识并建立一个合作圈。事实上，这种科学协同与共享的成功，要高度依赖无形学院及其成员之间长期形成的文化默契。今天，越来越多的品牌正在尝试建立属于自身的“无形学院”，粉丝和用户则是这所品牌学院的成员，但是必须意识到，学院与成员之间的关系不是管理与被管理，而是将品牌看作成一个工具，一个加强用户之间、用户与企业之间相互联系并建立起社群文化的工具。这个工具应该具备以下几个条件：社群规模的大小、品牌共享的成本、品牌自身定位的明晰性，以及社群中的粉丝或用户们的文化规范。

第一点，社群规模的大小。品牌不同于具体的产品，不具备独占性和排他性，相反，通常情况下，一个品牌共享社群中的用户和粉丝数量越大，这个品牌所能产生的共享价值也就越大。凯文·凯利在《失控》一书里把“蜂群思维”讲得非常透彻，他认为单个的蜜蜂什么都不是，数以百万的蜜蜂成为一个系统，这就是互联网思维，可以在里面发出呐喊，蜜蜂的蜂王在指导每一个蜜蜂。同样的道理，一个粉丝的力量是有限的，当数以百万的粉丝组成一个庞大的品牌社群的时候，粉丝经济和共享品牌就产生了。从社会学角度看，“粉丝”是一种有特殊属性的社会群体，他们不是乌合之众，而是具备社会群体的一般特征：有明确的成员关系，有持续的相互交往，有一致的群体意识和规范，有一定的分工协作，有一致行动的能力。这一社会群体能够固定地、有规律地、情绪性地投入一个品牌故事或品牌文化，并由此采取一致性的行动。这些有强烈社交色彩的粉丝通过社交工具、社交媒体聚合在一起，逐渐形成了自己的调性、情怀、情感、文化、价值观，形成了一个既开放又封闭的粉丝群体，并且产生了巨大的品牌改造能力、共享能力、影响能力和传播能力。因此，想要成为共享经济时代炙手可热的共享品牌，社群规模的大小是一个重要参数。

第二，共享成本的高低。任何能够降低无形知识和有形资源的共享成本的工具都会增加其使用者以及社群的参与者。共享服务网站、智能手机、社交网站和在线支付等信息技术支持降低了交易成本：网站信息平台为供求双方提供结对机会，可以直接将主人与租用者连接起来；以带有 GPS 定位功能的智能手机和平板电脑为代表的信息终端可以让需求者了解标的物概貌；社交网络平台提供了查看他人并建立信任的途径；共享交易都通过网上付费，网上支付系统解决了资金交付事务。这些，使得资产共享比以往更加便宜、更加便捷，因此使分散的交易具备了形成更大规模的可能性。这种知识共享、实物共享的信息成本及交易成本的降低，使得企业在塑造自身品牌的过程中，将会更加聚焦于自身提供的核心价值，这也就意味着最终企业应该为他们所添加的服务和体验价值而不是他们所导致的成本索取回报，而且企业会逐渐地发现他们提供某种形式的共享服务或共享体验比提供标准商品更能节省用户的成本和企业自身的成本。既然品牌本身就是一种协同工具，那么用户必然希望这种协同的成本是最小的乃至无限趋近于零的，分享成本的降低也必然导致品牌传播的新思路和新变革。

第三，品牌定位的清晰度。你为什么收取费用，你就提供什么。当你为了卖掉现有的提供物而开始为用户提供体验的时候，转型就开始了。你会发现至少在你决定收费之前，你的很多项目是根本不值得收费的，从而发现一些更加吸引用户的方法。体验经济的重点是用户获得了什么体验？而这个体验是如此的独一无二，让他愿意为这个体验付费，未来你是否有可能不再用销售商品获利，而是提供体验服务作为你获利的来源？甚至更有些共享型的企业已经做到，为每一位消费者提供量身定制的商品，却并不让消费者明确地感知到这是为他们定制的。例如，在汽车共享领域，人们可以根据自己的心情随意选择喜欢的品牌，Zipcar 的品牌理念恰恰简洁明了地表达了这一清晰定位——“身边座驾，随时随地”，而且提供“任何你喜欢的座驾品牌”。这样，Zipcar 就给会员营造了一种价值认同感和社群归属感，有些会员对 Zipcter 的认同就如同苹果的粉丝一样强烈。再如，近两年风靡全球的拼车共享模式，随着社会化网络技术的支持，私人汽车正在成为公共性和社会性的交通工具。英国拼车共享平台 GoCarShare 清晰直白地做出了自己的品牌定位——结伴出行路更宽；而打车应用 Lyft 则通过社会化出行的概念界定了自身的品牌吸引力——有车在手，交个朋友。实际上，不但能够通过这种共享品牌交到朋友，还有人发展成了恋人甚至夫妻。

第四，品牌文化的吸引力。从无形学院的例子我们会看到，对于一个组织或者一个品牌而言，仅有社群、成本和清晰性还是不够的，共享时代的品牌黏性在根本上需要具有强大张力的品牌共享文化来维系。品牌共享文化主要是指一个品牌社群关于品牌如何运行、用户与用户之间如何协同的一套共享假设。也就是说，一个真正意义上的共享品牌的存在，与其说是为了维护品牌社群中的某些品牌要素，不如说是为了维护将社群中的所有用户团结在一起的品牌理念和共享文化。突飞猛进的新技术和新工具为我们创造新的共享品牌和共享文化提供了无限的机会，而且只有在这种条件下，共享的能力才能在品牌文化的氛围中发挥出它应有的价值。全球沙发客自助游网站 Couchsurfing 的品牌文化意味着，选择成为一名“沙发客”意味着选择相信人与人之间根本的真诚与善意。相比传统的旅游方式，“沙发客”的旅行相当于一场文化研究，再没有什么方式比直接进入当地陌生人的普通生活更能让人体会旅行的魅力了。在品牌社群中，信誉资产是共享文化的重要基础。日常生活中的一些人可能会背后说人坏话，这种行为对他自身的信誉资产没有产生强大的破坏性；但是在 Couchsurfing 上，说坏话不能只对某一个人讲，因为评论完全是对全世界公开的，它带来的结果是长远的甚至是永久的，所以品牌社群中的各个参与者都需要高度珍惜自己来之不易的信誉资产。这就是品牌共享文化的力量。到最后，那些基于社会协同和资源共享的品牌，都将变成我们生活中的一种有使命、有信仰和有文化的沟通互动工具。

第十章

共享主义与共享社会

共享革命

在科学的道路上没有平坦的大道，只有不畏艰险沿着陡峭山路向上攀登的人，才有希望达到光辉的顶点。同样的道理，共享经济的发展也没有平坦的大道，尽管它的前途是无限光明的，但是其成长之路也并不是一帆风顺的。甚至，它还会遭遇到强烈的暴风雨的侵袭。

从国内首个网约车细则说起

2016 年 8 月上旬，由兰州市城运处制定的《兰州市网络预约出租汽车经营服务管理实施细则》和《兰州市网络预约出租汽车经营服务管理实施细则》正式公布，这两份文件将在讨论修改后上报当地市政府审定。在 7 月 28 日，交通运输部、工信部、公安部等七部委共同在国新办举办发布会，介绍《关于深化改革推进出租汽车行业健康发展的指导意见》《网络预约出租汽车经营管理暂行办法》相关情况。新规将从 2016 年 11 月 1 日起实施，其中明确，今后网约车合法了。这一“专车新政”出台后，就有分析看衰网约车的未来——尽管《暂行办法》对私家车的友好态度远超人们的预期，但“把网约车当作出租车来管理”依然是这份新规的核心所在。

从数量控制、政府定价到规定经营车辆年限，甚至是发票和车辆标识，这些举措中无不是沿袭针对出租车的管理思路。尽管此前旺盛的需求与平台高额的补贴造就了一大批全职的网约车司机，但至少从兰州颁布的细则来看，它算是将“只想顺路赚点油费”的兼职司机彻底拒之门外，因为一旦对网约车的数量进行控制并设立准入条件，进入网约车行业驾驶员势必都会成为专职司机，这对兼职司机来说并不公平——而从某种意义上来说，他们恰恰是共享经济最忠实的拥趸。

此后，一篇题为《首个城市网约车细则出台，然而它违反了共享经济所有原则》文章在网上流传开来，署名作者陈匿在文章中写道：“当欧美国家还在对 Uber 们保持一副不可退让的态度、台湾地区出租车司机还在围攻网约车公司时，我国已经在法规层面承认共享经济、加持‘互联网 +’这件事上走在了世界前列，政策、市场规模及开放的胸襟都足以匹配移动互联网领袖的地位。在经过长达四年时间的质疑到对抗、习惯到依赖，中国人民再也无法从‘私车共享共乘’这辆车上下来了……作为出行市场竞争者入局的网约车平台们，带给了出租车产业升级的机会，但以设置壁垒来切割市场份额则违背了公平竞争的原则（当然，指导意见里提到的公平竞争市场原则并没有详细说明谁来判断公平不公平）。”看起来，一纸文书将网约车合法化是一个可圈可点的行政举动，但是更严重的冲突好像才刚刚开始。

再举一个大众对共享出行质疑的例子。2016 年的 7 月 20 日，北京再次被暴雨袭击。但伴随着暴雨袭击的，还有约车平台对于普通消费者的“侵袭”。朋友圈时不时会发现各种对于约车平台的吐槽，而其中表现最为“突出”的莫过于对于滴滴平台的抱怨声。例如，有人抱怨，原本 50 块的行程，生生被提升了消费水平，跨越了 100 的大关，达到 120 的标准。甚至有的约车加价倍数高达 3 倍多。同时，在 7 月 19 日，原本隶属滴滴平台早晚高峰的额外调度费、加小费等功能也实现了全天候的执勤，以至于一位接车师傅兴奋地表示：“刚才拉了一个好活，马路两边，光调度与小费 20 多块。”其实无论是用户的抱怨声，抑或接车师傅的兴奋声，这背后均是滴滴平台对于价格自由调整的结果所致。同时，也不由得让我们对于滴滴平台的共享经济产生了深度的怀疑。

更大的公众质疑来自几天之后滴滴与 Uber 中国宣布合并之后。自从 8 月 1 日滴滴和优步宣布合并以来，这对曾经最大的竞争对手忽然转而成为“不分你我的家人”，不仅震撼了两者所处的网约车业界，也让“共享经济”再次成为热议话题。滴滴与 Uber 中国合并已成既定事实，对于广大用户而言，他们反而多了一层担忧：双方合并是不是意味着垄断？今后打车是不是没有优惠，甚至还有可能涨价？而业界最为关心的是，在可能的垄断出现后，之前各方一致鼓吹的汽车共享经济还有未来吗？垄断意味着什么？滴滴和 Uber 中国不仅对这个市场有着首要话语权，而且可以根据市场行情来定价，而当前用户忠诚度并不高的专车市场低于价格极为敏感。《暂行办法》第 20 条要求：“网约车平台公司应当合理确定网约车运价，实行明码标价，并向乘客提供相应的出租汽车发票。”很明显可以看出，《暂行办法》中，也将定价权交给了网约车平台。网约车平台拥有定价权之后，乘客变失去了议价的能力。

事实上，不仅仅国内以共享经济之名快速成长起来的独角兽正在走向赢家通吃的垄断地位，国外的情况也是如此。据《华尔街日报》，摩根大通对 100 万客户随机抽取的调研结果显示，大约 1% 的美国成年人从在线平台上赚钱，但大部分人集中在 Airbnb、Etsy 和 Uber 上面。而且，他们基本是提供房屋出租或售卖产品，而非直接出售自己的劳动力。后者的比例还不足 0.4%。

“Uber 是典型的零工经济类雇主——可以代表这个新兴产业的三分之二”，普林斯顿大学教授 Alan Krueger 如此表示。

在早些时候的 2015 年 9 月，美国著名的快公司杂志发表了一篇题为《谁杀死了共享经济》的文章。该文章认为，我们自己正在扼杀共享经济的发展，并列举了很多打着共享经济招牌而非真正共享经济的案例。作者认为，在共享经济的旗下，汇聚了五花八门毫不相干的公司。Groupon“分享”的是团购的优惠；Kickstarter 在众多出资者之间“分享”资助目标；Airbnb 之类的网站“分享”住房，却像酒店一样按日收费。Uber、Handy 一类的“零工经济”（Gig Economy）平台“分享”独立承包人的劳动，按小时或公里收费；连 Netflix 都一度莫名其妙地被归入了共享经济的门下。虽然有几家正宗的“共享经济”公司生存下来，例如提供个人对个人的汽车分享服务的 RelayRides 和 Getaround，还有分享自行车的 siteSpinlister，但今天大部分公司都与最初的地球村理念分道扬镳了。而神奇的是，当一个主流的连锁酒店跟一个市值五十亿美元的公司建立伙伴关系时，他们居然也敢大言不惭地将两者的合作称作是共享经济。

事实上，如今的共享经济在快速发展不断圈地的过程中，还正在面临诸多的窘境，比如忽略了共享经济的可标准化特性，比如过度强调资源过剩，忽视了资源的利用率认识、信任背书的不足，忽视弱连接的因素、法律问题、选择困难症，忽视低成本门槛的限制、缺乏互通性，无法实现真正的信息共享……在所有这些困难之中，政府监管的不合理是对共享经济发展最具杀伤力的威胁。

市场驱动与政府监管的博弈

无论是在全球经济转型的背景下，还是在中国“互联网＋”和“大众创业、万众创新”的语境中，共享经济都是经济低迷中的一骑绝尘，它通过将更多的个体接入共享型的创新平台，或直接或间接地推动了数千万甚至上亿人的创业。他们颠覆了现有产业的生存模式和经营模式，那么也因此必然会招致既得利益的传统企业疯狂的反击，这些传统企业拥有强大的资金和广泛的政府资源，他们会尽全力地游说政策制定者对新兴的共享经济强化监管甚至直接封杀。颠覆式创新吸引了政府监管者和规则制定者加入讨论，最终，他们要么执行规则，要么更新规则，但这并不是容易的事情。政府在新兴创业公司和传统企业之间摇摆不定，他们既想以支持创新的姿态呈现在公众面前，也不想从根本上触及传统企业的既得利益以及由此而产生的大量税收。如果政府不顾一切地给共享经济为名的创业公司施加过多的压力，他们将背负扼杀创业者的罪名；如果这些新兴的公司发展过快，传统企业将会游说政府制定新的法规，然而这些新的法规在很多时候无疑是一种新瓶旧酒的做法，例如上述我们提到的国内某些城市的网约车管理办法。

但是，政府必须对共享经济的新模式实施监管并在适当的时机完成立法工作，这不仅仅是为了加速变化的当前，更是为了充满极端不确定性的未来。对于政策的制定者和产业的监管者而言，无论是维持旧有规制还是确立新的规制，其不确定性和风险都是比较高的。即便如此，有一件事情却是相当明确的，那就是共享经济正在而且还将继续更大范围的改造传统企业的生存模式和商业模式。因此，风险并不在于新的政策的确立，而是在于确立限制政策还是支持政策，在于政府想要限制什么并支持什么。在几乎所有的情况下，只有产业的既得利益者也就是传统企业才会热衷于维持现状，毕竟是现状让他们受益最多。然而创新不会总是被扼杀在摇篮中的，共享经济早已经从星星之火发展成燎原之势了。正是因为发展如此之迅猛，这些给社会带来诸多益处的共享创新才遭到了传统企业愈加强烈的反击。然而，暴风雨来得越猛烈，海燕的飞翔热情就越高昂。

除了共享交通之外，家庭酒店业是共享经济的第二战线，也是产业创新与政府监管擦枪走火的一个重要战场。纽约监管机构（主要是城市环境管理委员会和州检查总长）对 Airbnb 的指控主要集中在以下 5 个方面：一是对小区居住环境的负面影响。酒店化的住宅短租降低小区居住环境质量（如有通过平台租房进行性交易、夜间频繁出入等)，对邻居造成困扰（如纽约2014年收到了1150宗投诉，同比增加62%）。二是违反城市规划分区制度规定，A类住宅（多户住宅）不能以近于酒店的方式“整屋短租”（少于30天）给外来访客（房屋内的“房间共享”不受此限，即房间出租，与主人以共享形式同住该房屋)。按纽约州检查总长的调查报告，纽约72%的交易涉嫌违法。三是影响城市房产租赁市场，外来访客住宅短租规模大幅增加影响本地房屋租赁市场甚至住宅市场供求关系，推高租价和房价，进而影响本地市民生活。四是一些大的房产业者或经纪人以房屋共享的名义通过平台非法经营酒店（在纽约有业主超过80套房产在平台以共享名义经营)。五是对外来访客征收的酒店业特别税收（一般按14%征收，用于旅游景点和其他城市公共设施建设）流失。

这些问题的确是Airbnb在发展过程中面临的非常现实的监管问题。Airbnb亚太区总监Julian Persaud认为，许多国家涉及“房屋共享”的法律较为陈旧，但情况正在得到改善，伦敦、阿姆斯特丹等欧洲城市已有最新法律出台，亚洲地区也有积极讨论。Airbnb的创始人Brian Chesky则更加直截了当地指出了当前监管存在的问题：“有的法律是针对人的，有的法律是针对其企业的，但现在有一个新的类别出现，即作为企业的人。房主就像是微型企业家，但如今却没有针对微型企业家的法律。”你所遵守的法律决定了你谋生的方式、方向、时间和地点，然而不幸的是，有些法律法规毫无意义并且已经过时，无人从中获益，唯一的存在意义就在于阻碍竞争。对于这一点，Zipcar 的创始人蔡斯举了一个例子。美国高速公路的统一限速为 88 公里，但具有讽刺意味的是，在荒无人烟的高速路段，这一规定就不那么切合实际了，遵守该规定的人反而会因为其速度与其他高速行驶的车辆不同而影响到交通安全。事实上，对于共享经济所采取的很多沿袭了传统监管思路的政策，越是严格执行，就越会损害集体利益或公共安全。

当然，共享经济快速的攻城略地并不意味它作为一种具有强大生命力的新经济业态具有绝对的正确性，也不意味着政府应该放弃过去所有的规制政策而全面承认、拥抱并支持这些创新企业的所有做法。共享经济的发展不是不需要监管，恰恰相反，它需要监管，但需要的不是与传统监管政策相同的监管，而是恰到好处的合理的监管。正是因为规则的存在，才鼓舞了大量的平台和个体投身于共享经济的大潮之中；然而如果存在太多过于烦琐且陈旧的规则，那么这些平台和个人都会产生畏难和退却的心理。因此，恰到好处的合理监管是共享经济发展的必要条件，政策制定者在考虑如何对共享经济制定相应监管措施的时候，至少不应该完全将过去的监管措施照抄照搬过来框住共享经济的手脚，而应该重点考虑如下几个方面。

第一，监管目的。监管目的是多样的，除了保护消费者外（质量管制），还要协调相关利益者，维护市场公平竞争。当然，监管俘获也是需要防止的。

第二，共享边界。共享经济不能显著偏离共享，共享经济监管的关键就是要对共享与商业运营进行合理的划界，如各地监管法规都是对共享与非共享进行了定义，对共享模式不设限制，对非共享模式出租则进行限制，但给予合理的例外（如阿姆斯特丹允许每年 60 天非共享出租）。

第三，外部性控制。经济活动的外部性可能难以避免，监管法规则是尽量减少负外部性，如对于 Airbnb 的消防安全要求、房屋接待旅客数量限制等都是为了减少个人房屋短租对于小区环境的影响。

第四，社会责任。企业承担必要的社会责任也是监管重要原则，如要求网络平台代征税、宣导监管法规、配合执法部门执法等。

第五，利益平衡：监管法规的核心是各方利益的协调，如对家庭酒店业管制须考虑本地房屋租赁市场与家庭酒店短租市场的平衡、出租人与房屋业主的利益平衡、出租人与小区住户利益平衡、酒店业与网络家庭酒店业竞争环境平衡等多方面。在 Airbnb 的大本营旧金山，有关监管法规才实行两个多月，为了进一步平衡本地房屋租赁市场与家庭酒店业，旧金山市长在 4 月中旬又提出了修正案，计划将房主共享与非共享出租的年累计时间限制在

120 天内。这可以说是一个重大修正。

而无论是在国内还是在国外，这种监管和规制的变迁都不是一蹴而就在一夜之间完成的，而是伴随着产业经济的发展渐进式的展开的，并且直到今天，我们仍然没有看到这一过程取得质的飞跃。对于经济创新的旧有规制体系和监管政策就像是一面所有砖块都紧密粘连在一起的墙，共享经济所带来的政策变革进程以一块砖头为突破口，逐渐破坏了这面墙环环相扣的特征，但是还没有能力建起新的规制体系和监管政策来代替旧有的体系。而如果跳脱出政府监管的框架，共享经济无力也无法完全抛弃旧有体系的所有内容而自己重建一面墙，它乐意或者不乐意地继承了原有监管政策的某些约束，旧规制留下了大量的遗产。然而我们要讨论的是，对于这种遗产的继承是不是反而会变成一种沉重的负担？在这种负担之下，共享经济应该寻求怎样的突围路径，才能做到“不忘初心，方得始终”？

通往大同世界的共享之路

在当前来看，共享经济虽然是一个经济学的概念，但它绝不仅仅止于经济学领域，更重要的在于它发轫于经济领域，却深深地渗透到文化、社会、生活乃至政治等领域的方方面面。资本主义市场受功利性驱动，而共享经济受与他人分享的精神驱动。如果说前者奉行的是产权，而后者推行的则是利他的成就感，以及单纯的“有趣”体验。在共享经济的体验过程中，人与人之间能够沟通，建立起信任关系，这一系列的体验甚至高于商业目的。此外，共享经济对于优化社会资源配置的作用，已超出了单纯的市场经济层面所要解决的问题范畴，也涵盖了社会公共需求。这就要求政府作为公共机关，对共享经济所面临的政策性难题进行疏解，而非只看到其可能存在的安全性问题以及监管难题。Uber在全球范围内遭到封杀，却越挫越勇，受到民众欢迎，值得公共政策制定者深思。同时，虽然“共享性”使得个人资产进入社会资源配置中并得以获益，但对原本领域内的产业人群，政府要不断完善收入分配方式和社会保障体制。

可以说，共享经济承载了人类心灵中最美好的愿望，是古今哲学家、思想家和政治家都为之不懈奋斗、苦苦求索的终极目标。早在两千多年前的春秋时代，中国的思想家孔子在《礼运大同篇》中就描述了他对未来社会的憧憬。这篇只有几百字的短文是论述礼之源头和礼之实的专论，原文是这样说的：“大道之行也，天下为公。选贤与能，讲信修睦。故人不独亲其亲，不独子其子。使老有所终，壮有所用，幼有所长。鳏寡孤独废疾者，皆有所养。男有分，女有归。货恶其弃于地也，不必藏于己。力恶其不出于身也，不必为己。是故谋闭而不兴，盗窃乱贼而不作。故外户而不闭。是谓大同。”它描绘了一幅天下为公、选贤举能、讲信修睦、资源共享、天下太平的美好图景，成为儒家大同理想社会观的主要依据，一直流传于其后的中国两千多年的历史中。事实上今天共享经济所倡导的闲置资源优化配置以及忽略所有权重视使用权的思维，恰恰正是孔子天下为公大同理想的一种现代版本。不独亲其亲，不独子其子，进一步延伸也就有了不独用其用——不独自占有那些对社会有更大价值的资源。但是，从孔子之后的两千多年直到互联网普及之前，由于信息流通不畅很难实现共享经济。现在移动互联网的发展，用户只需要通过手机就能迅速寻找自己所需要的资源。尤其是在某些时效性较强的场景中，今天的共享平台已经能够做到即时高效地匹配合适的资源，这在孔子的年代时无法想象的。

如今，共享经济和协同消费正在成为通向未来孔子所描述的大同世界的社会变革的重要组成部分。国家总理李克强认为："共享经济不仅是在做加法，更是在做乘法，以此有效降低创业创新门槛，实现闲置资源充分利用，形成新的增长点，为经济注入强劲动力。此外，共享经济的另一大特点是，人人皆可参与、人人皆可受益，有利于促进社会公平正义。"共享经济的重要思想者里夫金在其《第三次工业革命》和《零边际成本社会》中重塑了"公民社会""社会资本"这些概念。"公民社会就像互联网一样，它的核心设想就是把个人融入更大的网络团体，不仅会提升团体的整体价值，而且也会提升每一个成员自身的价值。"

这是里夫金在书中的阐述。从这个角度来看，里夫金提出的这些概念更像是对共产主义一些基本概念的创新式解读。比如，共产主义社会提倡共同劳动生产，而基本主体就是劳动者有序自由的联合体，共享经济则通过搭建一个人人共享的平台实现了这种劳动者、劳动工具和需求方的相互连接。这种连接给人们创造了一个相互信任的世界，使得陌生人之间能够展开更多的交易和互动，从而产生了更多社会和经济机会。

事实上，我们理想中的大同世界在很大程度上正是一个物质资源与精神资源高度开放和高度共享的社会，我们正在通过共享经济的方式实现这种理想。当然，在这个过程中，过去资本主义的那种金钱至上和消费至上的理念必须予以摒弃。正如德国的社会学家西美尔揭示出一个事实，现代人类之所以感到不幸福不快乐，是因为我们站在手段的桥梁上而忘了达到彼岸。《共产党宣言》中也有这样的表述，资产阶级“使人和人之间除了赤裸裸的利害关系，除了冷酷无情的‘现金交易’，就再也没有任何别的联系了……它把人的尊严变成了交换价值，用一种没有良心的贸易自由代替了无数特许的和自力挣得的自由……抹去了一切向来受人尊崇和令人敬畏的职业的神圣光环。它把医生、律师、教士、诗人和学者变成了它出钱招雇的雇佣劳动者……撕下了罩在家庭关系上的温情脉脉的面纱，把这种关系变成了纯粹的金钱关系。”

金钱本来是人类为了方便而创造设置的，只是工具，是被人类所利用的，但后来，它却变成了主体，反过来主宰人类。人类在赚钱的过程中停了下来，粘着在金钱的上面，满足于每天或每个月数着自己赚到的钱，然后盘算着用这些钱购买更多自己根本没有能力真正利用起来的物质。这样，属于你的东西却反过来奴役你，你变成了你身上的衣服，你变成了你口袋里的钱包，干着根本不想干的工作，赚钱来买一堆根本不需要的废物。就像一首流行歌曲中所说的那样——你不是真正的快乐。因为对于现在的物质主义者而言，他们贪恋的是新的欲望，而不是享受已经拥有的东西，幸福就在这样的追逐中变成了一个永远看不清的路标。

科学研究发现，幸福与财富之间存在着一定的关联，但是当财富达到一定程度之后，幸福感并不会随着财富的增加而继续提升了。如果这样，我们怎样能够抵达大同世界的幸福彼岸呢？共享经济提供了一种可能，幸福经济学家们认为，共享行为可以增强人们的幸福感，参与共享，也就是参与社会，参与幸福快乐的生活，因为在共享活动过程中，作为核心的人类交流和交换可以以各种不同的形式存在。当我们已经开始意识到，对物质的无尽追求已经让我们付出巨大的惨痛代价且变得越来越不幸福的时候，我们将更加愿意通过共享行为与我们的家人、亲戚、朋友以及这个美丽星球上更多的陌生人建立更加密切的连接，从而创造出一个更加美好的大同世界。

全世界的共享者联合起来

未来的大同世界是网络化的、数字化的共享世界。每一个人就是一个网络节点，它所产生的信息以及所拥有的资源在社交网络中流动，互联网以及建立在互联网之上的物联网是众多计算机、众多个体以及万事万物的集合，这个集合又群策群力，扮演着一台元计算机的角色。数字化生存的重要特征就是我们是否被连接进入了网中，我们在不在线。时时刻刻的连接，会使得在线这种状态变得不可见。我们不用为了连接去做任何事，因为连接本身就是默认选项。默认在线会让我们走向沟通和共享。永远在线的默认选项会让我们期待所有信息和资源都能连接网络，而且是永远处于在线状态。永远在线也就意味着我们有更多的时间去获取别人的信息并分享我们的资源，我们有更多的机会协作共同去创造一些内容、共同去打造一个平台，同时每个人手中的技术设备和终端都是整个社会化网络生产和协同消费中的一个环节，我们的键盘鼠标、相机、DV、麦克都是能够产生信息和数据的，所有的个体和电子设备只要连接进入网络，就变成互联网的云的一分子。

这时候我们就会发现，不管是互联网还是在云端，它都是一个集体，一个人人共享和协同消费的集体，于是更多的时候它更像是一种社会主义或者共产主义模式，人们上传和分享的所有信息和资源都在为这个集体作出贡献，并且被分享的事物的价值也获得了提升，个体并不是被动地参与这个过程，而是主动地创造和分享，分享你所想、分享你在读的东西、你的财务状况、你的闲置资源乃至你的一切，这种共享精神正在成为我们文化的基础。它不同于大机器时代的生产模式，个体没有太多的束缚在互联网中进行创作和分享，个体通过群体的力量获得了解放，群体的力量也得到了加强。人多力量大，物以多为贵，信息和资源在这里是极大丰富的，这种共产主义的倾向深深地流淌在网络世界中，世界上的确有一种新形式的共产主义或者社会主义。在这里，市场的力量变得薄弱，货币经济的影响力减少，数字社会主义时不时也会用于解决自由市场不能解决的问题，看其是否能奏效。几乎每一次，分享、合作、协作、开放、自由定价和透明的力量都被证明要比资本主义者所想的更为实际。我们低估了重塑我们思维的工具的力量。我们是否相信，我们真能够创建一个虚拟世界，时时在线、人人共享的社会主义乃至共产主义的力量正在壮大。

在社会主义和共产主义的纲领性文件《共产党宣言中》明确指出，共产党人可以把自己的理论概括为一句话：消灭私有制。最后，马克思和恩格斯怀着无比激扬的心情，发出了强有力的号召："共产党人不屑于隐瞒自己的观点和意图。他们公开宣布：

他们的目的只有用暴力推翻全部现存的社会制度才能达到。让统治阶级在共产主义革命面前发抖吧。无产者在这个革命中失去的只是锁链。他们获得的将是整个世界。全世界无产者，联合起来！”尽管共享经济并不能与马克思和恩格斯所畅想的社会主义和共产主义画等号，但是共享经济的倡导者们抱着求同存异的态度，从大量正在发生的案例中看到了共享经济对资本主义的冲击以及它通向社会主义或共产主义的可能性。

抽象地讲，私有制经济的基本逻辑是“拥有方可使用”，这在道德上是正义的，此时的所有权和使用权亦是统一的。但物质极大丰富后的商业爆炸，让个体和家庭不可能拥有全部可能用到的商品。这就要求人们从消费主义和物质主义中解放出来，而不是像上文说的那样被束缚住，从而停留在了通往幸福的大同世界的桥梁上，无法获得自由全面的发展。在《资本论》中，马克思曾多次强调的理想状况是人的自由全面发展，并把共产主义社会称为“自由人联合体”。这与汪丁丁在《自由人的自由联合》中论述的情况几乎完全一致——互联网能将彼此陌生且具备不同技能的人联结起来，共同生产新知识，也能让各怀企图的人共谋歹事。未来社会对人类的终极考验，不是技术和能力，而是道德。或许，对于这个世界的运作模式，每个人的感知各不相同。但一个可以确定的事实是，单凭推理永远也无法实现共产主义，也无人知道充分协作的共享经济会将人类引向何方。既然如此，何不松一松缰绳，让共享经济自由生长、自我修复？说不定，你们想要的未来和我们想要的未来，是同一个未来。

在里夫金看来，社会资本和金融资本在数字化经济中同样重要，使用权胜过了所有权，可持续性取代消费主义，合作压倒了竞争，“交换价值”被“共享价值”取代。他甚至预言，“零成本”现象孕育着一种新的混合式经济模式，这将对社会产生深远的影响。从生产力发展上看，第三次工业革命很可能远远超过第一次和第二次工业革命。数十亿人和数百万组织连接到物联网，从而使人类第一次以以前无法想象的方式在全球协同共享中分享经济生活，这就是“共享经济”。这些还只是共享经济的初步表现形态，共享经济，是生产力的极大释放，生产关系是生产资料归全体劳动者所有，是建筑在以信息资源共享基础之上以致所有资源都共享的。按照里夫金的估计，最晚到 21 世纪中叶，全世界大部分的受雇人员将在协同共享机制下的非营利部门工作，参与推动社会经济的发展；而传统的资本主义市场经济部门则将由少数专业人士和技术人员通过智能技术进行管理。

凯文·凯利也旗帜鲜明地将共享经济和社会主义建立了坚实的连接。尽管在全球多数国家实行资本主义制度的当前，社会主义这个词背负着巨大的文化包袱，与之类似的词语也有着同样的处境，譬如“公有的”“公有制的”和“集体的”。而凯利之所以用“社会主义”这个词，是因为从技术角度看，它最能恰如其分地指代那些依靠社交互动来发挥其作用的技术。“社会化媒体”（即社交媒体）之所以被称为“社会化的”也是基于同样原因：它是一种社会化活动。宽泛地说，社会化活动是网站和移动应用在处理来自于庞大的消费者（或称为参与者/用户/受众）网络的输入时所产生的。当众多拥有生产工具的人都朝着一个共同的目标努力，共享他们的产品，不计较劳务报酬，乐于让他人免费享用其成果时，社会主义或者新社会主义的叫法也就不足为奇了。经典的社会主义与数字化的社会主义的相同之处就是共享这个动词。事实上，一些未来学家已经将这种新型社会主义在经济层面的体现命名为共享经济，因为在这一层面最基本的通行规则就是共享。

无论共享经济是否能够真正通向马克思和恩格斯所描绘的社会主义及其最高阶段的共产主义，它都已经深深的影响到了越来越多具有共享意识和共享精神的个体，尤其是年轻一代，相比起他们的上一辈，年轻人更加清晰地意识到金钱不能等同于幸福，他们也更加清楚什么是重要的什么是不那么重要的，尽管他们也会追求财富或物质，但他们更乐于将共享精神付诸实践行动，同时也更反对奢侈浪费。不光是年轻人，越来越多有着环保意识和社会责任的个体和组织都正在将共享经济的理念融入日常的生产、生活、消费和学习中去。在这样一个共享、协同、合作、责任无处不在的时代里，共享已经不再是某种看起来很酷的时尚潮流，它似乎成了人们与生俱来的某种天性。

我们喜欢将这样的人称为共享派，把他们认同的共享理念和实践的共享行为称为共享主义。虽然在共享经济的突飞猛进过程中还受到各种各样的阻碍和牵绊，但是当全世界的共享者们联合起来冲破了现有的所有权制度以及建立在此基础之上的资本主义体系的时候，共享经济也将失去束缚在它身上的锁链而获得整个世界。或许，共享经济极有可能就是通向共产主义的一条可行路径。